Blader lekker door deze pocketgids en ontdek de mooiste routes en leuke plekjes om neer te ploffen voor een welverdiend kopje koffie of een smakelijke maaltijd.

Op pad door Groningen, Friesland, Drenthe en Overijssel

Goed voorbereid op pad in groningen, friesland, drenthe en overijssel

Wil je meer routes fietsen of wandelen in de provincies Groningen, Friesland, Drenthe of Overijssel? Kijk dan eens op shop.route.nl. Daar vind je fiets- en wandelkaarten in deze provincies. Zo kun je gemakkelijk een tochtje maken zonder de weg kwijt te raken. Eindeloos veel fiets- en wandelplezier gegarandeerd!

1
Fiets-
kaart 01

2
Fiets-
kaart 03

3
Wandel-
kaart 12

4
Wandel-
kaart 05

5
Fiets-
kaart 05

6
Fiets-
kaart 04

7
Wandel-
kaart 09

8
Wandel-
kaart 12

9
Fiets-
kaart 8

Bestel en kijk voor meer kaarten op shop.route.nl

PROVINCIE
Groningen

GRONINGEN

Er gaat niets boven Groningen!
Fiets op je gemak door de gezellige studentenstad Groningen, pik onderweg een terrasje en duik nog even een van de leuke winkeltjes in. Geniet!

Aangeboden door:
Pannenkoekhuis Paviljoen Appelbergen
Hoge Hereweg 33
9756 TG Glimmen
+31 (0)50 406 15 94
www.paviljoenappelbergen.nl

Scan de QR-code en bekijk route **524087** direct op je telefoon.

6

6.47 km	± 1:37 uur	368 kcal	45 m

Wandelroute 'Wandelen in de omgeving van bosrijk Glimmen'

Het dorpje Glimmen wordt omgeven door prachtige bossen. Deze wandeltocht laat je kennismaken met dit groene gebied met moerassen, vennetjes, zandverstuivingen en oude hunebedden. Geniet van de mooie natuur en kom heerlijk tot rust op je wandelschoenen. Het startpunt van deze wandeltocht ligt midden in de Appelbergen. Dit is een voormalig militair oefenterrein. Tegenwoordig wordt dit terrein niet meer gebruikt door het leger en dus kun je lekker wandelen door dit bos met heide- en veenrestanten. Recht door het bos loopt De Hoge Hereweg. Aan het einde van de route kom je uit bij Paviljoen Appelbergen. Bij dit pannenkoekenhuis kun je natuurlijk terecht voor een lekkere pannenkoek, maar ook voor een ander lekker hapje of een kopje koffie. Strijk neer bij het paviljoen en rust lekker even uit midden in de bossen.

Ga voor de routebeschrijving van route **524087** naar www.route.nl.

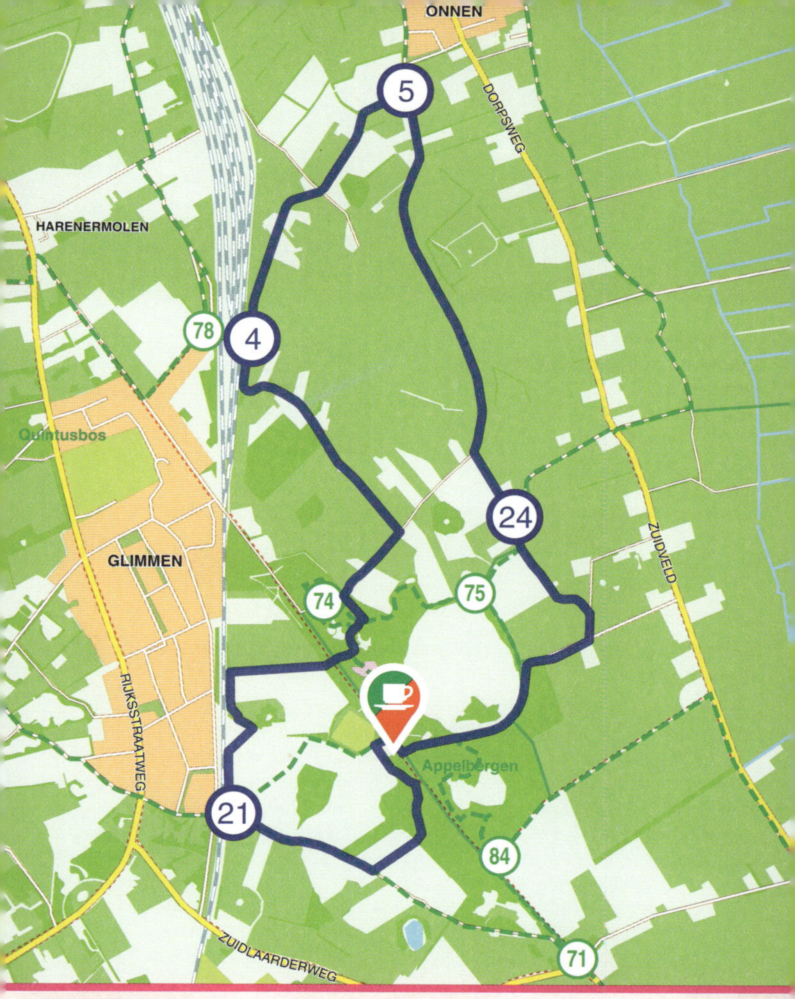

Groningen | Glimmen | 6,47 km | print route 524087 op www.route.nl

Aangeboden door:

Woonlandschap de Leyhoeve Groningen
Helperpark 258-L
9723 ZA Groningen
+31 (0)50 206 92 92
www.leyhoeve.nl/groningen

Scan de QR-code en bekijk route **609632** direct op je telefoon.

36.10 km | ± 2:07 uur | 636 kcal | 263 m

Fietsroute 'Noord-Willemskanaal en Paterswoldsemeer vanuit Groningen'

Deze fietsroute gaat van start met een kop koffie bij Woonlandschap de Leyhoeve Groningen. Hiervandaan ontdek je het Noord-Willemskanaal tussen Assen en Groningen. Het was honderd jaar lang de belangrijkste verbinding tussen Assen en Groningen. De eerste schepen voeren in 1861 met vracht en passagiers over het kanaal, vanaf de jaren '60 van de vorige eeuw nam het wegvervoer deze rol over. Het was het eerste grote kanaal in Drenthe dat niet voor de turfwinning werd gegraven. Je rijdt terug door Paterswolde met zijn beschermd dorpsgezicht. Ook fiets je langs het Paterswoldemeer, dat al in de zestiende eeuw werd afgegraven voor turf. Via het Stadspark van Groningen fiets je weer naar je startpunt. Je komt ook nog over een mooie brug langs het Groninger Museum, een bezoekje waard!

Ga voor de routebeschrijving van route **609632** naar www.route.nl.

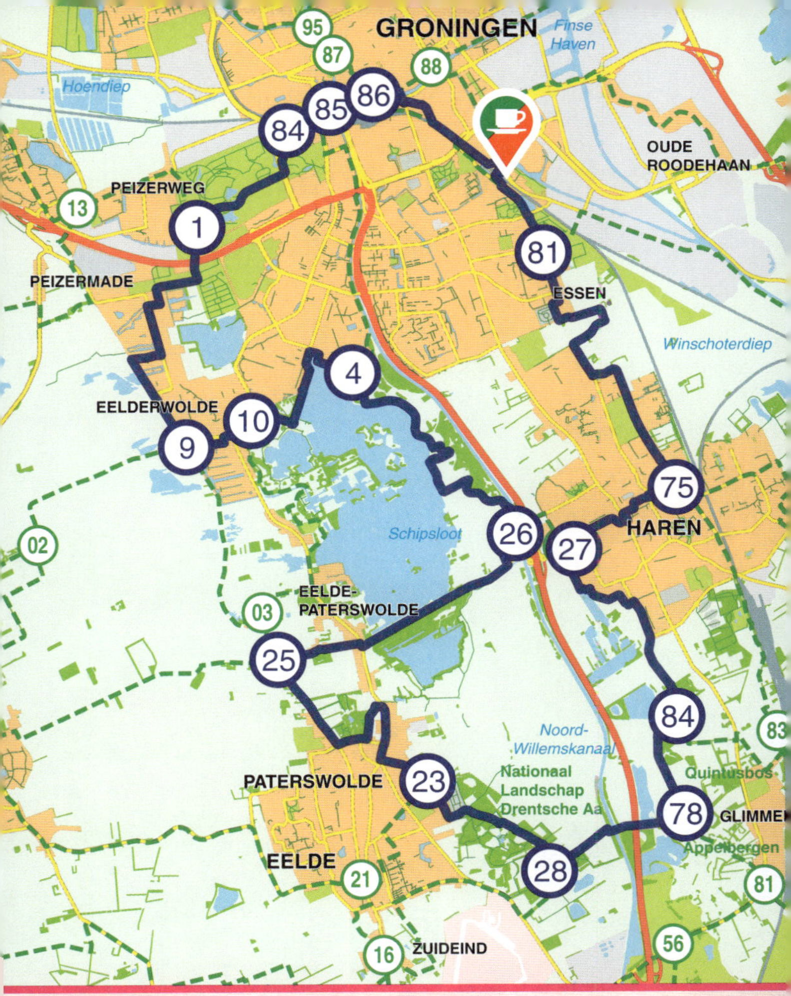
GRONINGEN
Finse Haven
Hoendiep
OUDE ROODEHAAN
PEIZERWEG
PEIZERMADE
ESSEN
Winschoterdiep
EELDERWOLDE
Schipsloot
HAREN
EELDE-PATERSWOLDE
Noord-Willemskanaal
Nationaal Landschap Drentsche Aa
Quintusbos
PATERSWOLDE
GLIMMEN
Appelbergen
EELDE
ZUIDEIND
95
87
88
86
85
84
13
1
81
4
10
9
75
26
27
02
03
25
84
83
23
78
28
21
81
56
16

Wandel- & Fietsnavigatie
Er is meer te ontdekken, wanneer je minder op de route hoeft te letten
Ook inbegrepen:
€ 19,99
per jaar
✓ Onbeperkt routes opslaan
✓ Advertentievrij
✓ Eigen routes delen met vrienden en familie
✓ Navigeren ook wanneer je even geen internet hebt
Probeer 7 dagen gratis
De proefperiode stopt automatisch
Scan de QR-code en meld je aan voor het premium abonnement of ga naar www.route.nl/premium
46 m
96
Daarna knooppunt 2
12:00

HOOGELAND

Dit is een van de oudste cultuur-
landschappen van Nederland. De streek
wordt al meer dan 2500 jaar bewoond.
Vandaar dat je hier zo enorm veel borgen,
wierden en middeleeuwse kerken vindt!

Aangeboden door:

Hotel Ekamper
Radsweg 12
9983 RC Roodeschool
+31 (0)596 51 63 55
www.hotelekamper.nl

Scan de QR-code en bekijk route **870543** direct op je telefoon.

12

51.81 km	± 3:02 uur	913 kcal	161 m

Fietsroute 'Rondje Uithuizen'

Tijdens deze fietsroute maak je kennis met de omgeving van Uithuizen. Geniet van een fijne fietstocht in het weidse Groninger landschap met zijn oude pittoreske plaatsjes. Je start bij Hotel Ekamper, de perfecte uitvalsbasis voor een fietstocht. Dit hotel is tevens het meest noordelijke hotel op het vaste land van Nederland. Terwijl je de route aan het afleggen bent, fiets je door een typisch Nederlandse omgeving: polders en weilanden. Hier en daar zie je wat molens, zoals Molen Grote Geert in Kantens. Deze molen werd oorspronkelijk in 1818 gebouwd als lage stellingmolen. Als gevolg van windbelemmering werd de molen verhoogd. Ook kom je langs Asingaborg, waarvan alleen het poortgebouw nog aanwezig is. Bij terugkomst kun je nog even uitrusten bij Hotel Ekamper en nagenieten van de fijne fietstocht die je hebt gemaakt.

Ga voor de routebeschrijving van route **870543** naar www.route.nl.

Groningen | Roodeschool | 51,81 km | print route 870543 op www.route.nl

Aangeboden door:

Lentemaheerd
Schapeweg 21
9982 BA Uithuizermeeden
+31 (0)595 - 41 54 72
www.lentemaheerd.nl

Scan de QR-code en bekijk route **138236** direct op je telefoon.

60.41 km | ± 3:33 uur | 1065 kcal | 233 m

Fietsroute 'De weidsheid van het Hogeland'

Met deze route ontdek je de weidsheid van Noordoost-Groningen. Ook is er veel cultuurhistorie te zien, zoals eeuwenoude kerkjes en twee oude Groningse borgen. De route start bij Lentemaheerd. Dit overnachtingsadres werd in 2015 uitgeroepen tot Beste VeKaBo-logeeraccommodatie van Nederland. Verderop staat de Menkemaborg. Deze prachtige borg is als museum ingericht, dus te bezoeken! De vaste tentoonstelling geeft je een goed beeld van het leven van de Groninger jonkers in de zeventiende en achttiende eeuw. De route leidt je door het Hogeland, een open landschap van gras- en akkerlanden en maren. Onder de hoge luchten is het heerlijk rustig. En kun je even lekker uitwaaien, terwijl je over de kronkelende dijkjes rijdt. In hartje Loppersum tref je dankzij de mooie monumentale panden een karakteristiek sfeertje aan.

Ga voor de routebeschrijving van route **138236** naar www.route.nl.

Groningen | Uithuizermeeden | 60,41 km | print route 138236 op www.route.nl

MARENLAND

ETEN DRINKEN SLAPEN WATER

Aangeboden door:

Marenland Recreatie
Winsumerdiep 6
9951 CG Winsum
+31 (0)595 44 27 50
www.marenland.nl/

Scan de QR-code en bekijk route **524041** direct op je telefoon.

40.53 km | ± 2:23 uur | 714 kcal | 168 m

Fietsroute 'Fietsen door het Groningse Reitdiepgebied'

Meteen als je Winsum uit fietst, ervaar je de eindeloze vergezichten en stilte die je met Groningen associeert. Deze streek heeft nooit veenafgravingen en industrialisatie gekend. Ruim 25 eeuwen aan bewoning en strijd tegen het water hebben hier een prachtig landschap geschapen. Je rijdt een aantal kilometer langs het Reitdiep. In Groningen fiets je door het Noorderplantsoen. De aangrenzende Korreweg is een van de mooiste Groningse straatjes om doorheen te fietsen. Aan de rand van de stad rij je langs de Wilhelmina, een korenmolen uit 1907. Terug bij Marenland Recreatie geniet je in alle rust van een hapje en drankje op het vernieuwde gezellige terras. Tijd genoeg? Rij dan even het stadshart van Groningen in. Op de Vismarkt zie je onder meer de Korenbeurs. Dit gebouw behoort tot de top 100 van Nederlandse UNESCO-monumenten. Aan de Grote Markt zie je natuurlijk hét symbool van de stad: de bijna 97 meter hoge Martinitoren.
Ga voor de routebeschrijving van route **524041** naar www.route.nl.

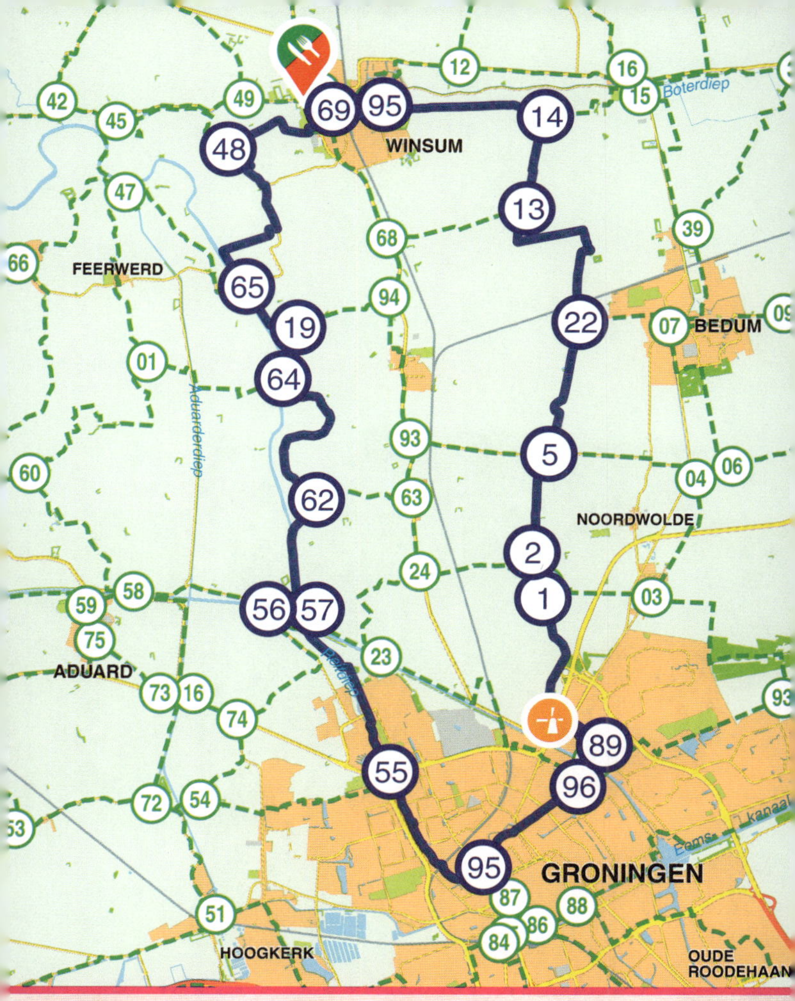
WINSUM
FEERWERD
BEDUM
NOORDWOLDE
ADUARD
GRONINGEN
HOOGKERK
OUDE
ROODEHAAN
Boterdiep
Aduarderdiep
Reitdiep
Eems
kanaal
69
95
14
48
13
65
19
22
64
5
62
2
1
56
57
55
89
96
95

OLDAMBT

In deze regio rond Winschoten, Blauwestad en Bad Nieuweschans is het water altijd dichtbij. Oldamt – je spreekt het uit als Ol-Damt – zal je zeker verrassen.

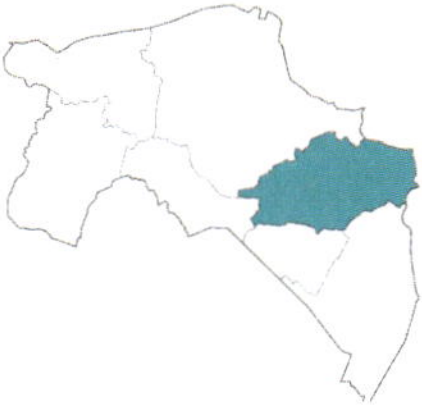

Aangeboden door:

De Dansende Kater
H.F.Dresselhuisstraat 6a
9693 AM Bad Nieuweschans
+31 (0)85 792 01 61
www.dedansendekater.nl

Scan de QR-code en bekijk route **1212083** direct op je telefoon.

58.20 km	± 3:25 uur	1026 kcal	218 m

Fietsroute 'Kastelenroute Noordoost-Groningen vanuit Bad Nieuweschans'

Noordoost-Groningen ontdekken? Blijf overnachten in Motel Paradiso. Vanuit hier kun je de regio perfect ontdekken. Vervolgens stap je op de fiets om de kastelen hier in Noordoost-Groningen te ontdekken. Rondom Vriescheloo kun je maar liefst vier kastelen bewonderen. Dit dorp is lang geleden ontstaan als woonplaats voor iedereen die zich bezighield met de veenontginning in de omgeving. Later groeide Vriescheloo uit tot een lintdorp. De kastelen zijn recent gebouwd door Bram Boekestijn, voormalig bloemenhandelaar, die zo een kastelennederzetting wil creëren. Alle vier de kastelen worden als woonhuis gebruikt. De Boschplaatse in Blijham is gebouwd rond 1580. Aan het eind van de route kom je langs De Dansende Kater, waar je kunt genieten van een hapje en drankje voordat je weer naar Motel Paradiso gaat.

Ga voor de routebeschrijving van route **1212083** naar www.route.nl.

Groningen | Bad Nieuweschans | 58,20 km | print route 1212083 op www.route.nl

Aangeboden door:

Restaurant Heerlijke Streken
Redersplein 8
9685 AW Blauwestad
+31 (0)597 72 68 88
www.heerlijkestreken.nl

Scan de QR-code en bekijk route **555323** direct op je telefoon.

56.48 km	± 3:19 uur	996 kcal	191 m

Fietsroute 'Een mooie tocht door het Oldambt'

Vanuit het startpunt rij je door een weids landschap en oude dorpjes naar Blauwestad. Vanaf de fiets kun je dit moderne en unieke staaltje van landschapsinrichting goed bewonderen. Weidse uitzichten over het water wisselen zich af met jonge bossen. Bij Restaurant Heerlijke Streken kun je een tussenstop maken voor een drankje, lunch en diner. De route leidt je verder langs enkele bezienswaardigheden, zoals karakteristieke Groningen boerderijen en kerkjes. De kerk in Nieuwolda heeft geen weerhaan op de spits, maar een zeemeermin als verwijzing naar het land dat op de zee is teruggewonnen. Na het afstappen kun je in Termunterzijl nog leuk rondstruinen: dit plaatsje geniet beschermd dorpsgezicht.

Ga voor de routebeschrijving van route **555323** naar www.route.nl.

Groningen | Termunterzijl | 56,48 km | print route 555323 op www.route.nl

like route.nl
op Facebook
Like route.nl op Facebook voor het laatste
routenieuws, tips en regio's om te ontdekken.
www.facebook.com/route.nl

WESTERWOLDE

Dit gebied schurkt gezellig tegen Duitsland aan. Je fietst er langs sfeervolle dorpjes en beroemde vestingen als Oudeschans en Bourtange. Een streek voor ontdekkers.

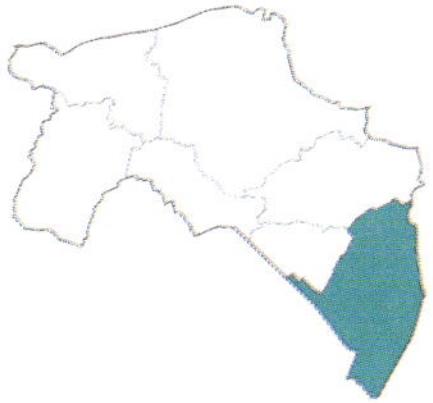

Aangeboden door:

Gasterij Natuurlijk Smeerling
Smeerling 15
9591 TX Onstwedde
+31 (0)599 312611
www.gasterij-natuurlijk-smeerling.nl

Scan de QR-code en bekijk route **549547** direct op je telefoon.

26

26.66 km	± 1:34 uur	470 kcal	56 m

Fietsroute 'Rondje Smeerling en Vledderveen'

Allereerst leidt je route je het Vledderbos in, een jonge bosaanplant waar je een enorme bosvijver oversteekt. Het bos hoort bij Vledderveen, een klein dorp onder de rook van Stadskanaal. Via kleine dorpjes en het wijdse Groningse boerenlandschap fiets je naar Smeerling. Dit buurtschap is vanwege enkele eeuwenoude Westerwoldse boerderijen uitgeroepen tot beschermd dorpsgezicht. In een van deze boerderijen vind je een gasterij, een leuk plekje om even koffie te drinken. Smeerling ligt in het dal van de Ruiten Aa, een mooi parkachtig gebied rond een smalle meanderende beek.

Ga voor de routebeschrijving van route **549547** naar www.route.nl.

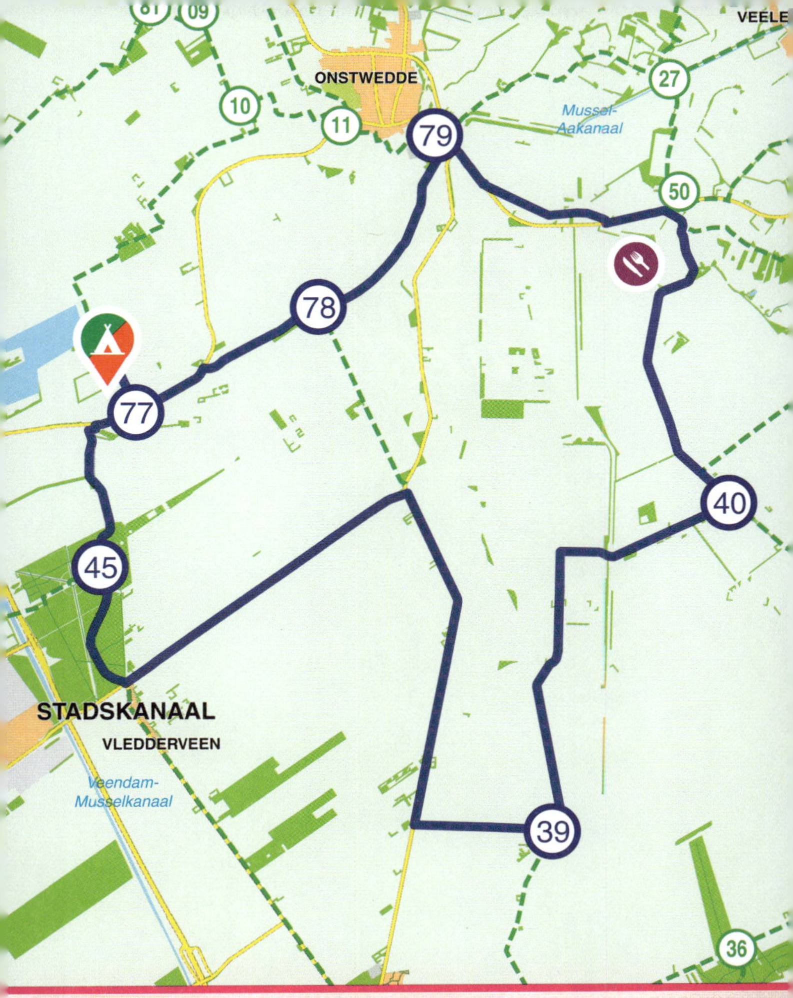

VEELE
ONSTWEDDE
Mussel-
Aakanaal
STADSKANAAL
VLEDDERVEEN
Veendam-
Musselkanaal
81
09
10
11
79
27
50
78
77
45
40
39
36

PROVINCIE
Friesland

FRIESE MEREN

Kílometers fietsen langs het water, dat kan hier. Het prachtige Nationaal Park De Alde Feanen is een feestje met alle pontjes. Ontdek meteen Earnewâld (Eernewoude) en het leuke Grou!

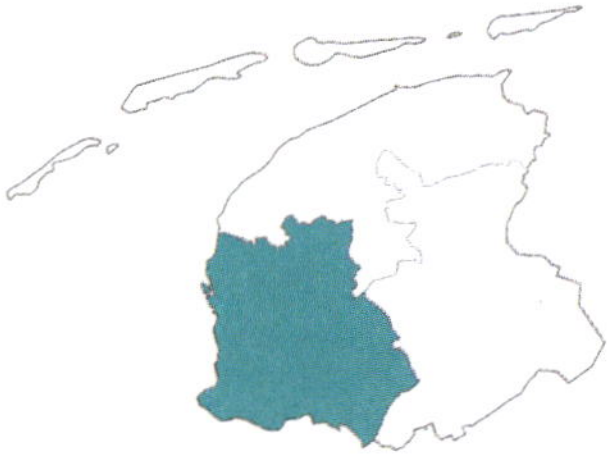

Aangeboden door:

Camping de Waps
Fonteinwei 14
8567 JT Oudemirdum
+31 (0)514 57 14 37
www.dewaps.nl

Scan de QR-code en bekijk route **1056388** direct op je telefoon.

32.52 km	± 1:54 uur	573 kcal	251 m

Fietsroute 'Rondje Gaasterland: Oudemirdum en Nijemirdum'

Na een overnachting bij Camping de Waps, vlakbij het leuke Oudemirdum, stap je op de fiets. Dwars door het Fonteinbos fiets je allereerst naar de Wyldemerk. Lang geleden werd hier een jaarmarkt gehouden, vandaar de naam. Door zandwinning is er een grote plas ontstaan, die is verbonden met De Luts (deel van de Elfstedenroute.) Oeverzwaluwen nestelen in de zandwal en een deel van de is aangemerkt als Libellenreservaat. Langs de dijk van het IJsselmeer fiets je naar het gezellige Oudemirdum waar je zeker even af moet stappen. Je komt er langs de Fontein, een kerk uit 1790. In Nijemirdum zie je een solitaire kerktoren uit de veertiende eeuw staan. De bijbehorende kerk werd in de achttiende eeuw gesloopt.

Ga voor de routebeschrijving van route **1056388** naar www.route.nl.

Friesland | Oudemirdum | 32,52 km | print route 1056388 op www.route.nl

Aangeboden door:

Hotel de Stadsboerderij en Eetcafé de Brabander
Nieuwe Weide 7
8713 JD Hindeloopen
+31 (0)514 52 12 78
www.destadsboerderij.nl/

Scan de QR-code en bekijk route **115090** direct op je telefoon.

32

266.56 km	± 15:40 uur	4699 kcal	1078 m

Fietsroute 'Friese Elfstedentocht per fiets'

Het hoeft maar te vriezen en heel Nederland krijgt last van Elfstedenkoorts. De laatste editie van de Tocht der Tochten dateert helaas alweer uit 1997. Tijd dus om hem zelf te rijden – op je fiets. It giet oan! De tocht leidt je door alle elf plaatsen in Friesland die ooit stadsrechten hebben verkregen. Plan dus voldoende tijd in, want op deze 257 kilometer lange tocht is volop te beleven. In Hindelopen ben je welkom bij Hotel de Stadsboerderij en Eetcafé de Brabander.

Ga voor de routebeschrijving van route **115090** naar www.route.nl.

Friesland | Leeuwarden | 266,56 km | print route 115090 op www.route.nl

Aangeboden door:
Hotel Restaurant 't Schippershuis Terherne
Buorren 69
8493 LD Terherne
+31 (0)566 74 50 10
www.tschippershuis.nl

Scan de QR-code en bekijk route **343561** direct op je telefoon.

59.46 km	± 3:29 uur	1048 kcal	264 m

Fietsroute 'Rondje Sneek en het Sneekermeer'

Je fietsroute gaat van start bij Hotel Restaurant 't Schippershuis Terherne. Terherne (of Terhorne) ligt op de hoek van een landaanwinning uit de twaalfde eeuw. Hier zou de kinderboekenserie De Kameleon zich hebben afgespeeld. Je rijdt een stukje langs het Sneekermeer. Even uitwaaien, terwijl je uitkijkt over wuivende rietkragen en het kabbelende water. In Goingarijp kun je het kerkgebouw uit 1770 bewonderen, er staat een klokkenstoel naast. Aan de Langweerderwielen kom je langs de Sweachmermolen uit 1782. Langweer geniet beschermd dorpsgezicht. Dit mooie vaardorp was tot 1856 alleen bereikbaar via het water. Bij Hotel & Restaurant Stadsherberg Sneek geniet je van iets lekkers. Ook het oude centrum van Sneek geniet beschermd stadsgezicht. Aan het Kleinzand staan vele oude herenhuizen, een aantal is rond 1790 gebouwd in de Lodewijk XVI-stijl.

Ga voor de routebeschrijving van route **343561** naar www.route.nl.

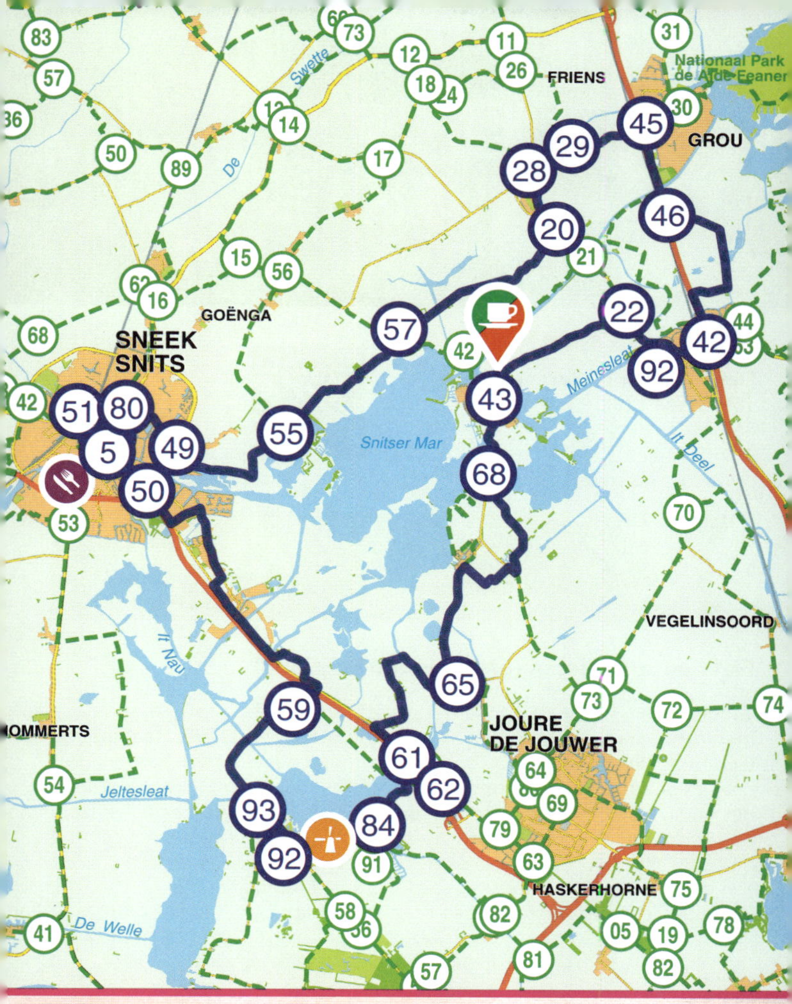

Friesland | Terherne | 59,46 km | print route 343561 op www.route.nl

Aangeboden door:

Lunch & Diner De Zeven Wouden
Voorstreek 120
8556 XV Sloten
+31 (0)514 53 12 70
www.dezevenwouden.com

Scan de QR-code en bekijk route **439724** direct op je telefoon.

56.09 km	± 3:17 uur	989 kcal	311 m

Fietsroute 'Genieten van Zuidwest-Friesland'

Vanuit Sloten rij je het gekende Friese landschap in met zijn vlakke polders, meren en weidse uitzichten. Al aan de horizon zie je het Gaasterland dichterbij komen: een glooiende keileemrug bedekt met bossen. Het hoogste punt van het Gaasterland vind je vlakbij het dorpje Oudemirdum: het komt bijna dertien meter boven het NAP uit. Je komt door enkele pittoreske Friese dorpjes, zoals Laaxum en Warns. Balk geniet beschermd dorpsgezicht, het dorp inspireerde de dichter Herman Gorter dan ook tot zijn gedicht Mei. Midden in het vestingstadje Sloten geniet je bij Lunch & Diner De Zeven Wouden van een drankje en hapje. Sloten: het pittoreske plaatsje geniet beschermd stadsgezicht en herbergt 50 rijksmonumenten. Sloten noemt zichzelf overigens de kleinste stad ter wereld.

Ga voor de routebeschrijving van route **439724** naar www.route.nl.

WORKUM
HOMMERTS
HEEG
Soal
INDIJK
De Fluezen
ELAHUIZEN
KOUDUM
Sleattemer Mar
BALK
TJERKGAAST
SCHARL
Lange Sleat
IJsselmeer

FRIESE WADDENEILANDEN

Zomergevoel ten top! Vijf eilanden liggen te wachten om door jou ontdekt te worden. Gemáákt voor fietsers. Duin, bos, heide, mooie dorpjes: je komt het allemaal tegen op je fietstocht.

Aangeboden door:

De Griffel
Burenlaan 41
9161 AJ Hollum
+31 (0)519 55 41 35
www.degriffelameland.nl

Scan de QR-code en bekijk route **429367** direct op je telefoon.

26.32 km	± 1:32 uur	464 kcal	93 m

Fietsroute 'Het eilandleven op Ameland'

Het startpunt van deze fietstocht ligt in het dorpje Ballum. Vanuit hier fiets je door het duingebied langs de kust in de richting van Hollum. Onderweg kom je langs de vuurtoren Bornrif. Beklim de 55-meter hoge toren en geniet boven op de toren van het prachtige uitzicht over Ameland. In Hollum kun je een pauze nemen van het fietsen bij De Griffel. Rust lekker even uit met een hapje en een drankje en laad jezelf op voor het tweede gedeelte van de fietsroute. Vanuit Hollem fiets je verder in de richting van Nes en vervolgens weer terug naar Ballum langs de noordkust van Ameland. In Hollum kun je een bezoekje brengen aan het Cultuurhistorisch Museum Sorgdrager. Er valt kortom altijd wel iets nieuws te ontdekken.

Ga voor de routebeschrijving van route **429367** naar www.route.nl.

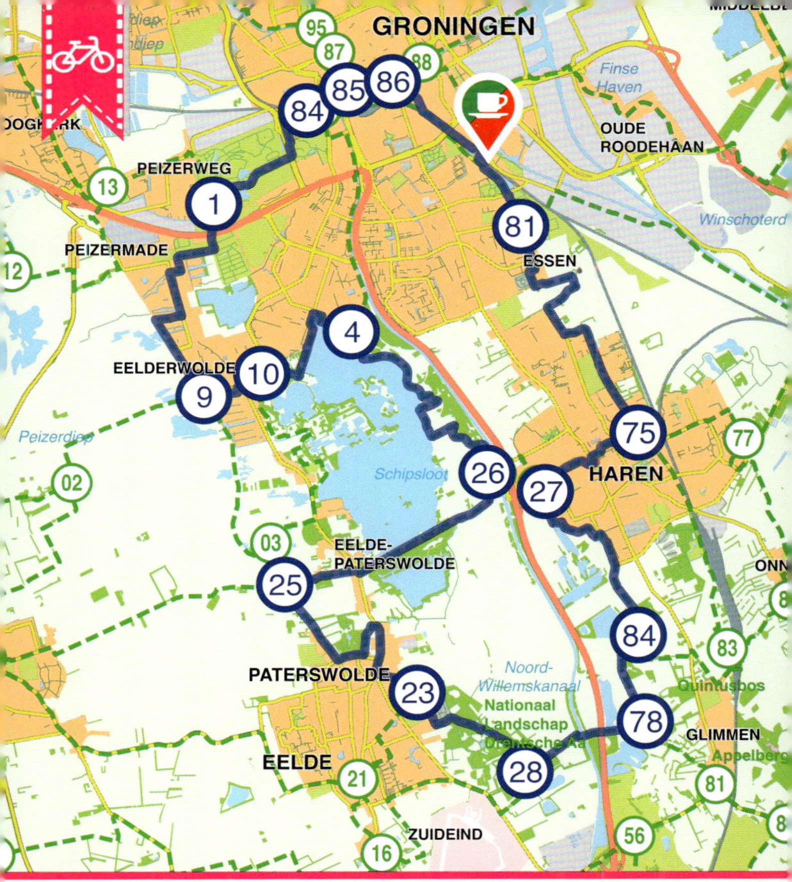

Aangeboden door:

Fietsroute 'Noord-Willemskanaal en Paterswoldsemeer vanuit Groningen'

Groningen | Groningen | 36,10 km | print route 609632 op www.route.nl

S - 81 - 75 - 27 - 84 - 78 - 28 - 23 - 25 - 26 - 4 - 10 - 9 - 1 - 84 - 85 - 86

36.10 KM | ± 2:07 uur | 636 Kcal | 263 m

Scan de QR-code en bekijk route **609632** direct op je telefoon.

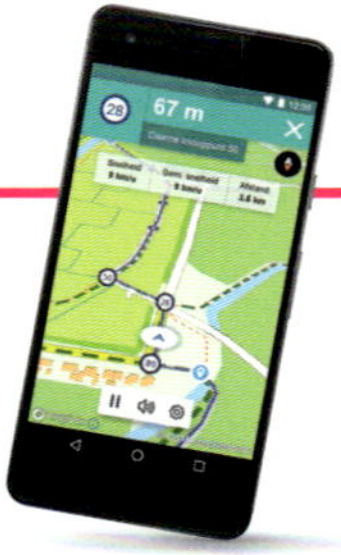

Routenavigatie

- Gesproken instructies van knooppunt naar knooppunt.
- Kaart draait mee met je bewegingen.
- Volg gemakkelijk je zelfgemaakte en favoriete routes.
- Gebruik routes zonder internet door ze offline te zetten.

route.nl

Noordzee
AMELAND
NES
HOLLUM
Waddenzee

FRIESE WOUDEN

In dit groene landschap van boomwallen en elzensingels fiets je heerlijk uit de wind. Stap onderweg af bij de vele historische staten en stinzen en natuurlijk het Bergumermeer.

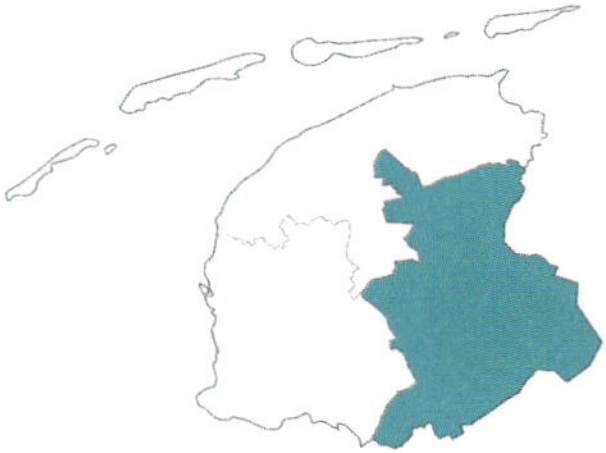

Aangeboden door:
Hotel Princenhof & Restaurant PuurPrince
Piet Miedemaweg 15
9264 TJ Earnewâld
+31 (0)511 - 53 92 06
www.princenhof.nl

Scan de QR-code en bekijk route **138907** direct op je telefoon.

44

26.42 km	± 1:33 uur	466 kcal	99 m

Fietsroute 'Pontjesroute door Nationaal Park De Alde Feanen'

In het hart van Friesland ligt een uitgestrekt laagveenmoeras: De Alde Feanen. Door de vele waterwegen kun je met de fiets alleen de randen van het Nationaal Park ontdekken - ook al heel leuk - maar dankzij deze pontjesroute kun je toch hier en daar even het water op om het gebied van z'n allermooiste kant te zien. Let tijdens de korte vaartochtjes op de vele vogels die je er ziet, want er broeden hier wel 100 soorten. De Alde Feanen is een van de belangrijkste waterrijke vogelgebieden van Nederland. Die enorme rijkdom aan dieren is te danken aan het enorm afwisselende landschap. Start- en eindpunt is Hotel Restaurant Princenhof, aan de rand van dorp Earnewâld, aan de rand van het Nationaal Park. Het prachtige terras aan het water is een heerlijk plekje om na te borrelen - bestel er echte Fryske tapas bij!

Ga voor de routebeschrijving van route **138907** naar www.route.nl.

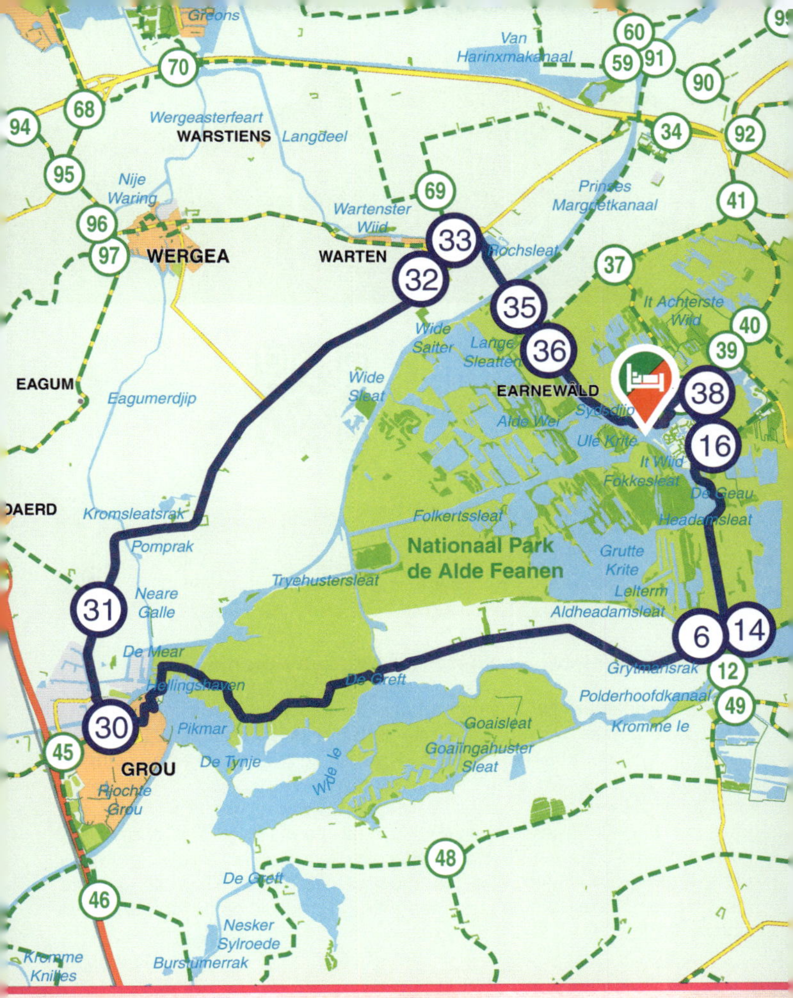

Friesland | Earnewâld | 26,42 km | print route 138907 op www.route.nl

Aangeboden door:

Restaurant `t Witte Huis
Geert Wolter Smitweg 20
8435 WG Donkerbroek
+31 (0)516 49 12 88
www.restauranthetwittehuis.nl

Scan de QR-code en bekijk route **135870** direct op je telefoon.

63.85 km	± 3:45 uur	1126 kcal	396 m

Fietsroute 'Genieten van het Friese natuurschoon'

Je passeert enkele prachtige monumentale panden, zoals de Fockensstate en het Eysingahuis. Net buiten het dorp kom je langs Landgoed Lauswolt. Even later rij je door het buurtschap Olterterp en zijn bosrijke omgeving. Al snel kom je langs het Wijnjeterperschar, een natuurgebied van heide, vochtige graslanden en bossen. Verderop rij je door De Slotplaats, een groot en bosrijk landgoed. In Bakkeveen passeer je het charmante dorpskerkje en enkele oude boerderijen. In de weidse polders is het lekker rustig kilometers maken. Via het mooie Oosterwolde rij je terug naar Restaurant 't Witte Huis. Je kunt hier heerlijk genieten na de tocht met een lekkere maaltijd!

Ga voor de routebeschrijving van route **135870** naar www.route.nl.

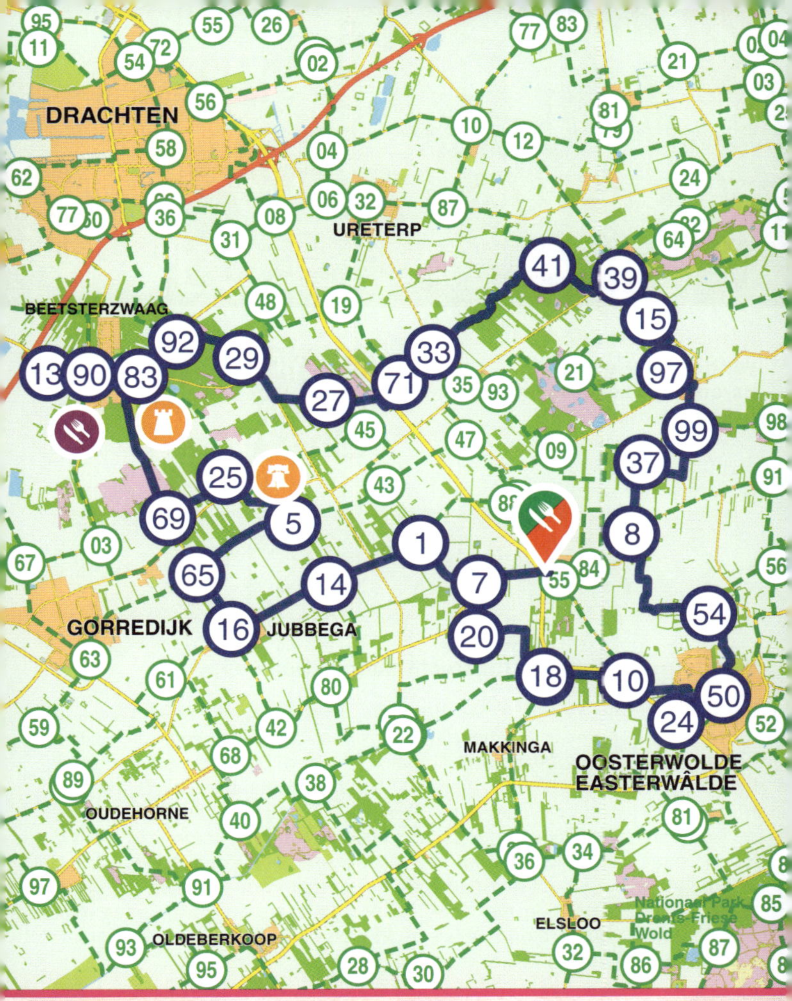

Friesland | Donkerbroek | 63,85 km | print route 135870 op www.route.nl

Aangeboden door:
Van der Valk Hotel
Hardegarijp-Leeuwarden
Rijksstraatweg 36
9254 DJ Hardegarijp
+31 (0)511 47 57 00
www.hotelhardegarijp.com

Scan de QR-code en bekijk route **950647** direct op je telefoon.

16.43 km	± 4:06 uur	934 kcal	55 m

Wandelroute 'Ontdekkingstocht door de Bouwepet'

Een mooi kerkje, sloten en vaarten, natuurgebied de Bouwepet en een geologisch monument van zwerfkeien uit Scandinavië: er valt heel wat te genieten met deze route door het mooie Friesland! De route gaat van start bij Van der Valk Hotel Hardegarijp-Leeuwarden, vlakbij het station van Hurdegarijp (Hurdegaryp). Geniet op het terras van een hapje en drankje en trek dan je wandelschoenen aan. Langs de vaarten en door de polder loop je naar Tietjerk of Tytsjerk met zijne fraaie Sint-Vituskerk. Verderop wandel je natuurgebied de Bouwepet in. Het maakt deel uit van het grote moerasgebied Bûtenfjild. Aan de zuidkant ligt een zandrug, bij Hurdegaryp. Dit moerasgebied verbindt de Grutte Wielen en het Lauwersmeergebied met elkaar.

Ga voor de routebeschrijving van route **950647** naar www.route.nl.

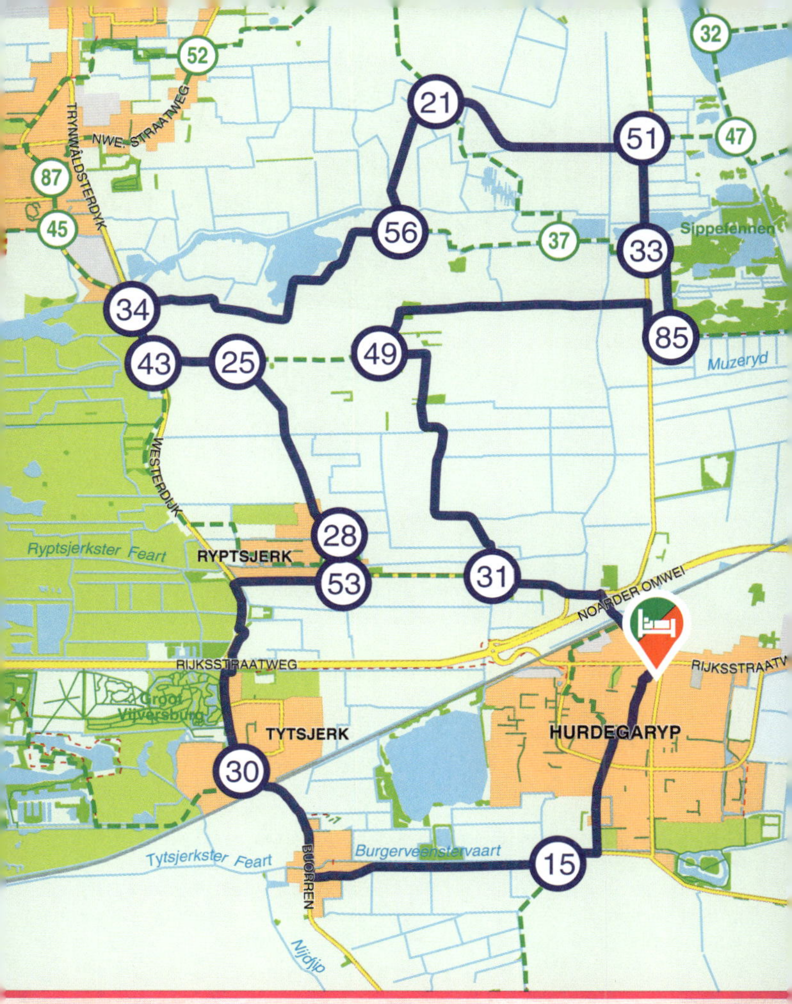

Friesland | Hardegarijp | 16,43 km | print route 950647 op www.route.nl

Aangeboden door:

Wegrestaurant Twijzel
Wedzebuorren 17
9286 ER Twijzel
+31 (0)511 54 33 00
www.cafetwijzel.nl

Scan de QR-code en bekijk route **115088** direct op je telefoon.

37.24 km	± 2:11 uur	657 kcal	134 m

Fietsroute ‘Een rondje om het Bergumermeer’

Geniet bij Wegrestaurant Twijzel van een koffie met appelgebak of een lunch, voordat je Twijzel verder in rijdt. Je ziet hier o.a. de middeleeuwse Sint-Petruskerk. In het buitengebied fiets je door de Friese Wouden, een echt fietspareltje. Behalve door Twijzel kom je nog door enkele andere Friese dorpjes. Zoals door Sumar: het dorp waar in 1905 het aardappelras Bintje werd uitgevonden door twee andere rassen te kruisen. In Eastermar en Bergum wordt je even herinnerd aan de sfeer van vervlogen tijden door de oude kop-hals-boerderijen. De kruiskerk aan de rand van Bergum dateert oorspronkelijk nog uit de dertiende eeuw. Terug bij Wegrestaurant Twijzel geniet je op je gemak nog even van iets lekkers.

Ga voor de routebeschrijving van route **115088** naar www.route.nl.

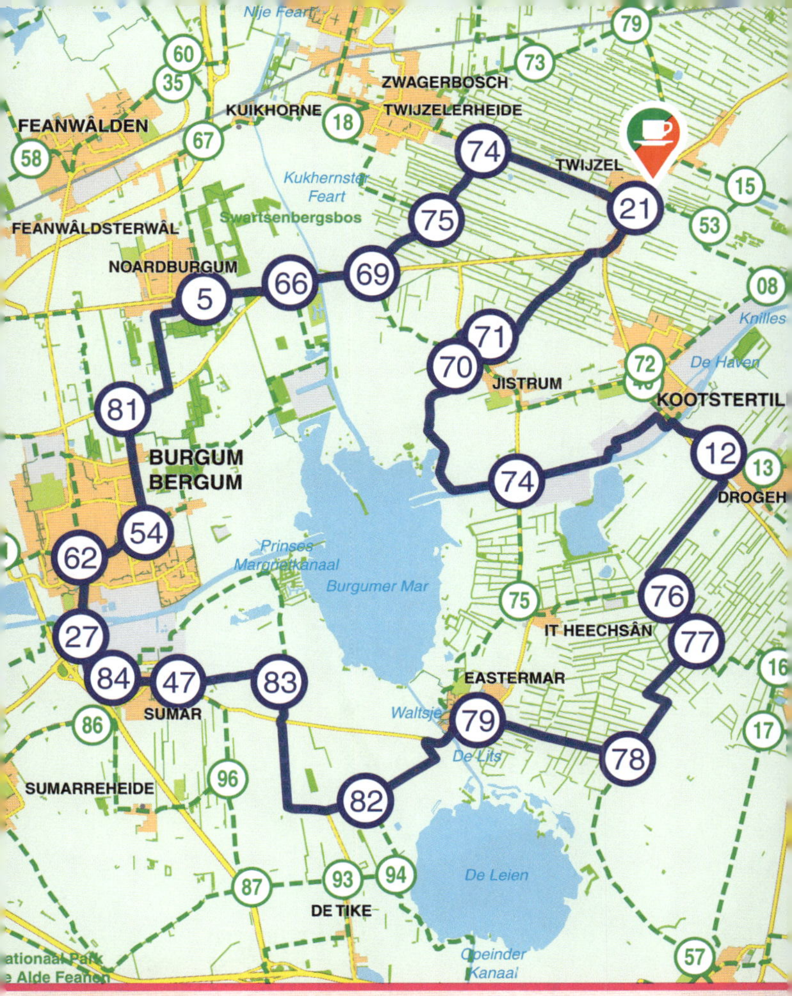

Friesland | Twijzel | 37,24 km | print route 115088 op www.route.nl

route.nl
altijd bij de hand
De route.nl app is het ideale hulpmiddel als je op zoek bent naar een mooie fiets- of wandelroute. Kies uit meer dan 150.000 gratis routes en ga lekker op pad in een omgeving naar jouw keuze. Nieuwe gebieden ontdekken en een gezellig dagje uit beleven was nog nooit zo makkelijk.
route.nl
Start navigatie
Download de gratis route.nl app of ga voor meer tips en informatie naar www.route.nl/app
ANDROID-APP OP Google play
Download in de App Store

KLEISTREEK

Nooit van gehoord? Deze regio vind je in Noordwest-Friesland, tussen Leeuwarden en Waddenzee. Het is hier heerlijk fietsen langs eeuwenoude terpen. Vergeet ook Franeker en Harlingen niet!

Aangeboden door:

Poort van Franeker
Stationsweg 1
8801 JL Franeker
+32 (0)517 39 21 24
www.poortvanfraneker.nl

Scan de QR-code en bekijk route **340435** direct op je telefoon.

54

67.97 km	± 3:59 uur	1198 kcal	266 m

Fietsroute 'Fietsen door het westen van Friesland'

Deze route leidt je door Franeker, Harlingen, Makkum: oude Friese stadjes met een rijke historie. Tussen deze plaatsen is het heerlijk fietsen door de weidse polders en langs de schuimende Waddenzee. Na een kop koffie bij De Poort van Franeker stap je op de fiets. Het stadje telt tientallen rijksmonumenten. Ook in Harlingen valt volop te zien. Je kunt er bijvoorbeeld een bezoek brengen aan het Hannemahuis. Makkum lag ooit aan de Zuiderzee en verwierf vooral in de zeventiende eeuw rijkdom. Enkele monumentale panden getuigen hier nog van. Bij Witmarsum rij je door het Flietsterbosk, een gevarieerd recreatiebos waar enkele soorten loofbomen groeien. Je passeert It Fliet, een straatje waar een monument staat voor de in Witmarsum geboren Menno Simmons.

Ga voor de routebeschrijving van route **340435** naar www.route.nl.

WIJNALDUM
FRANEKER
HARLINGEN
HARNS
Waddenzee
Arumer Feart
WAAKSENS
WOMMELS
WITMARSUM
BOLSWARD
BOALSERT
MAKKUM
IJsselmeer
MAKKUMERSTRAND
De Wimerts
DEDGUM

PROVINCIE
Drenthe

DRENTSCHE AA

Heerlijk oer en toch gemaakt door de mens. Hier gaan natuur en cultuur hand in hand. Uniek hier zijn de zeldzame planten en dieren, prehistorische monumenten en esdorpen. Een must!

Aangeboden door:

Café Theater G & A Boelens
Hoofdweg 83
9761 EC Eelde
+31 (0)503 09 13 23
www.cafeboelens.nl

Scan de QR-code en bekijk route **546995** direct op je telefoon.

31.01 km	± 1:49 uur	547 kcal	177 m

Fietsroute 'Rondje Paterswoldsemeer vanuit Eelde'

Het grote verwarmde terras van Café Theater G & A Boelens in Eelde is hét startpunt voor mooie fietstochten door de veelzijdige omgeving. Eelde ligt nog net in Drenthe, maar je fietst al snel Groningen in via Paterswolde. Vlakbij vind je het Paterswoldsemeer dat al vanaf 1900 een recreatiegebied is. Het Paterswoldsemeer is behoorlijk groot: na de intrede van de auto werd het recreatiegebied vergroot met het Hoornsemeer en de Hoornseplas. Zo konden ook de stadsbewoners van Groningen verleid worden deze attractie te bezoeken. Vlak voor je Eelde weer in fietst, rijd je nog even achter Vennebroek langs, een van de vele landgoederen rond Paterswolde. Ze worden druk opgeknapt door Natuurmonumenten om weer in volle glorie te schitteren.

Ga voor de routebeschrijving van route **546995** naar www.route.nl.

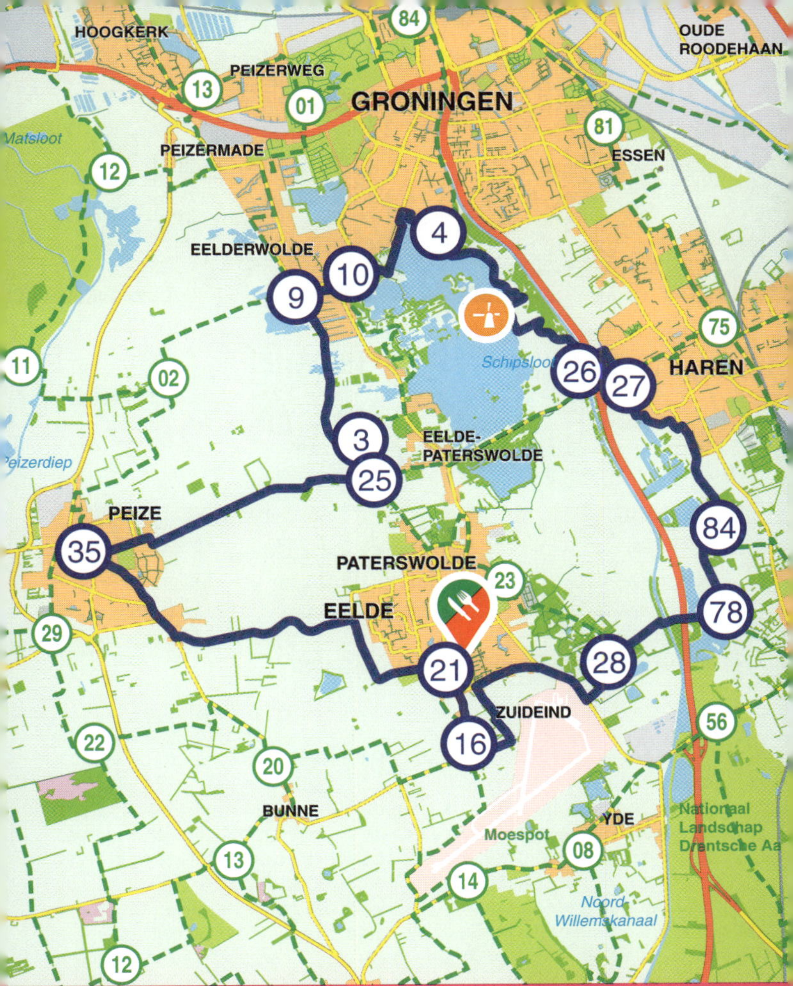
HOOGKERK
PEIZERWEG
GRONINGEN
OUDE
ROODEHAAN
Matsloot
PEIZERMADE
ESSEN
EELDERWOLDE
Schipssloot
HAREN
EELDE-
PATERSWOLDE
Peizerdiep
PEIZE
PATERSWOLDE
EELDE
ZUIDEIND
BUNNE
YDE
Moespot
Nationaal
Landschap
Drentsche Aa
Noord
Willemskanaal
84
13
01
81
12
4
10
9
75
11
02
26
27
3
25
84
35
23
78
29
21
28
16
56
22
20
13
08
14
12

Aangeboden door:

De Bonte Wever Assen
Stadsbroek 17
9405 BK Assen
+31 (0)592 35 60 00
www.debontewever.nl

Scan de QR-code en bekijk route **1210398** direct op je telefoon.

65.92 km	± 3:52 uur	1162 kcal	382 m

Fietsroute 'Rondje Drensche Aa en Grolloo'

Je fietsroute gaat van start met een kop koffie bij viersterrenhotel De Bonte Wever Assen. Hiervandaan ontdek je het stroomgebied van de Drentsche Aa, dat de afgelopen 150 jaar nauwelijks is veranderd. De beek meandert als vanouds, omdat in dit gebied geen grootschalige ruilverkavelingen hebben plaatsgevonden. De schilderachtige esdorpen met hun Saksische boerderijen maken de sprong terug in de tijd compleet. Ook rij je over het Balloërveld. Aan de rand van deze uitgestrekte heide kom je langs een schaapskooi waarin een kudde van zo'n 400 Drentse heideschapen is ondergebracht. De loopvragen op de heide zijn gegraven toen dit gebied als militair oefenterrein gebruikt werd. Ook ontdek je het leuke Gasteren en Anderen. Grolloo is een mooi esdorp, je kunt er enkele fraaie Saksische boerderijen bewonderen.

Ga voor de routebeschrijving van route **1210398** naar www.route.nl.

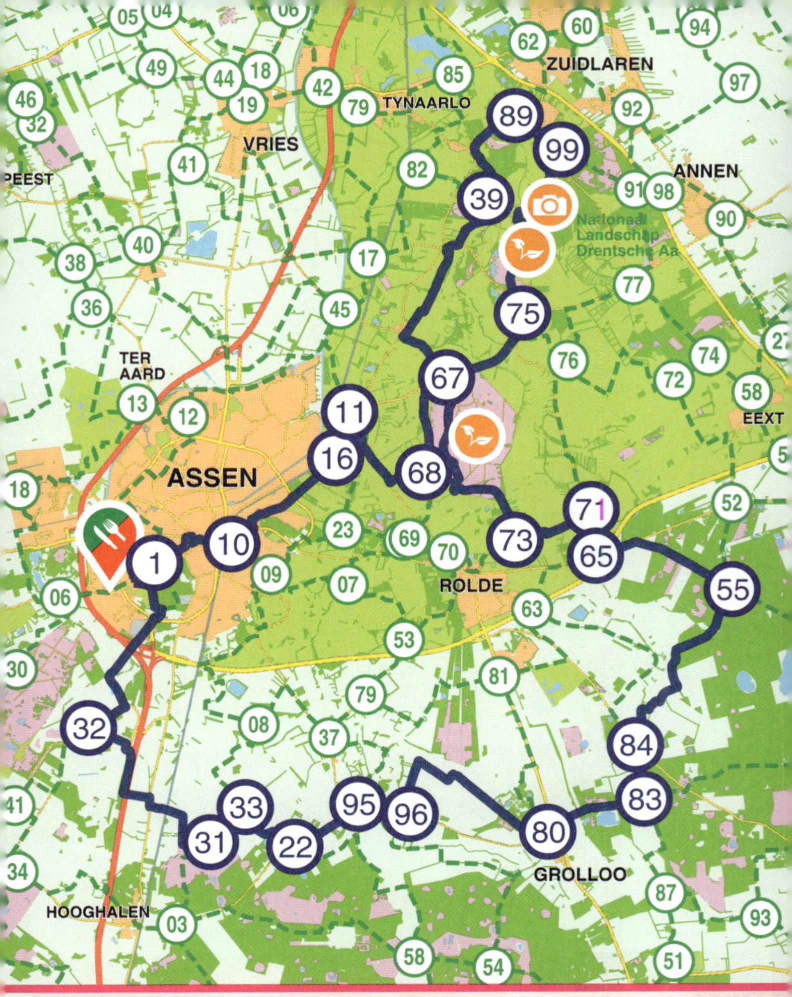

Drenthe | Assen | 65,92 km | print route 1210398 op www.route.nl

kies je eigen weg met de routeplanner

Met de routeplanner op onze website en in de app kun je gemakkelijk zelf routes uitstippelen. Kies de omgeving die jij wilt verkennen per fiets of te voet en plan je route via het knooppuntennetwerk. Zo kun je een route maken die volledig aan jouw wensen voldoet. Ontdek alle mogelijkheden en plan jouw ideale dagje uit met de routeplanner.

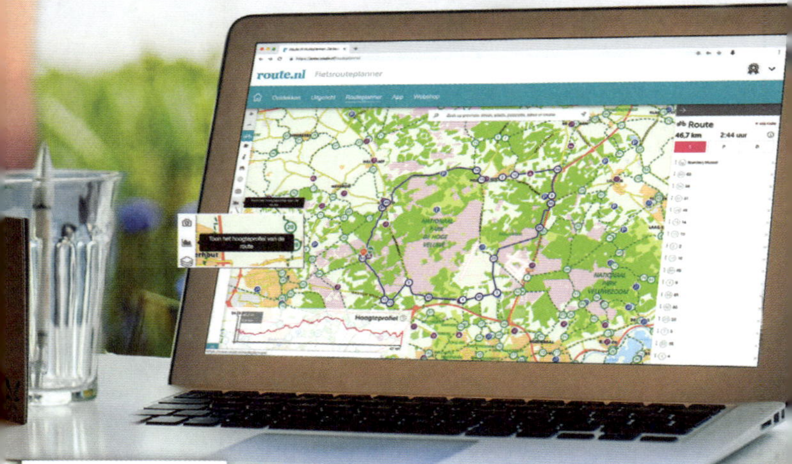

hoogtemeters bij de routes

Sinds kort wordt het hoogteprofiel van een route aangegeven in de routeplanner en in de app. Daarmee kun je een route zo heuvelachtig of vlak maken als jij wilt. www.route.nl/hoogteverschillen

Vink hier af welke route je al beleefd hebt.

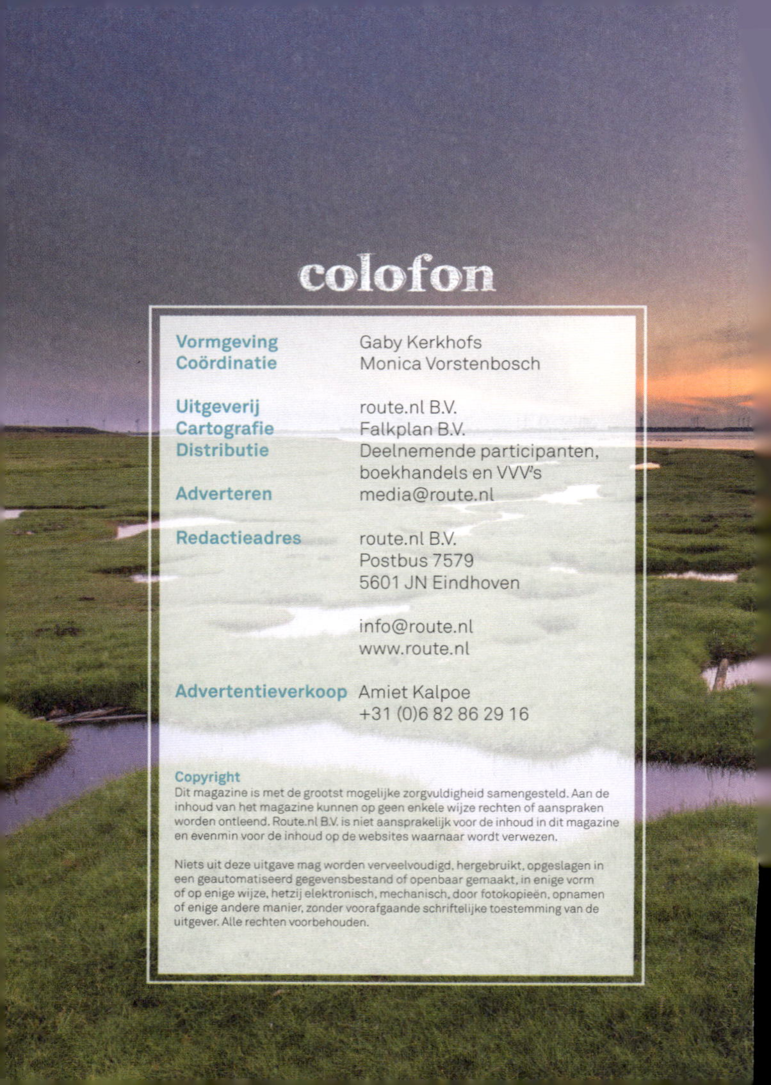

colofon

Vormgeving Gaby Kerkhofs
Coördinatie Monica Vorstenbosch

Uitgeverij route.nl B.V.
Cartografie Falkplan B.V.
Distributie Deelnemende participanten, boekhandels en VVV's
Adverteren media@route.nl

Redactieadres route.nl B.V.
Postbus 7579
5601 JN Eindhoven

info@route.nl
www.route.nl

Advertentieverkoop Amiet Kalpoe
+31 (0)6 82 86 29 16

DRENTSE HOOGLANDEN

Vanuit Midden-Drenthe heb je de hele provincie binnen handbereik. Of liever: fietsbereik! Zeker ontdekken hier: Herinneringscentrum Kamp Westerbork en openluchtmuseum Orvelte.

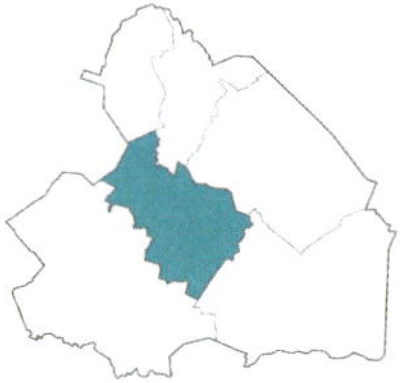

Aangeboden door:

Vakantiepark Het Timmerholt
Gagelmaat 4
9431 KT Westerbork
+31 (0)593 33 26 41
www.timmerholt.nl

Scan de QR-code en bekijk route **128098** direct op je telefoon.

43.92 km	± 2:35 uur	774 kcal	246 m

Fietsroute 'Bossen en veengebieden rondom Grolloo'

In de omgeving van Grolloo, Schoonloo en Hooghalen fiets je door prachtige bosrijke gebieden. Soms wijken de bomen ineens uiteen en dan stuit je onverwacht op een open veld. Zoek je weg tussen de bomen door en merk hoe stil het wordt als je diep in de bossen loopt. Vanuit het startpunt van de route fiets je door de bossen rondom Grolloo. Onderweg naar Grolloo kom je langs de molen van Grolloo uit 1930. Even verderop kom je langs het Verzetsmonument Hooghalen. Andere bezienswaardigheden op de route zijn het Nationaal Monument Kamp Westerbork, een uitkijktoren en het Museum van Papierknipkunst. Aan het einde van de route kom je uit bij Vakantiepark Het Timmerholt. Hier kun je een vakantiehuisje boeken om gezellig te overnachten en je kunt er een lekker drankje drinken of hapje eten in het restaurant.

Ga voor de routebeschrijving van route **128098** naar www.route.nl.

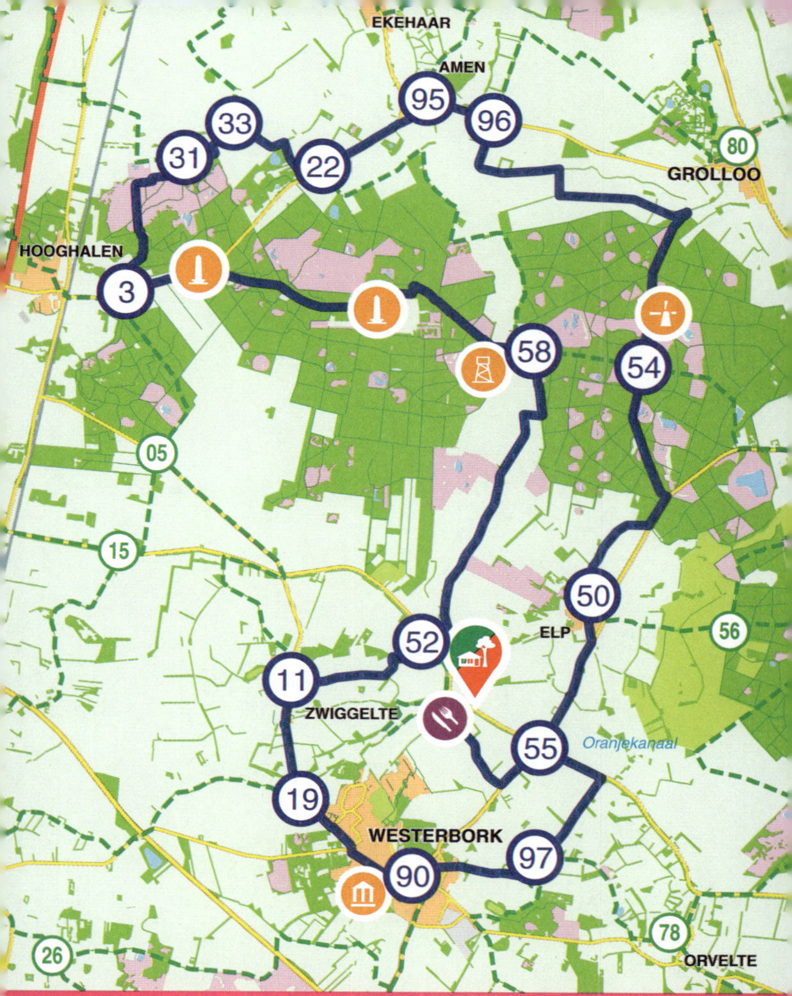

EKEHAAR
AMEN
95
96
33
31
22
80
GROLLOO
HOOGHALEN
3
58
54
05
15
50
56
ELP
52
11
ZWIGGELTE
55
Oranjekanaal
19
WESTERBORK
97
90
78
26
ORVELTE

HONDSRUG HUNZEVALLEI

Een weids en stil oerdal met ondergrondse bronnen waaruit ijzerkleurig kwelwater opborrelt. In de Hunzevallei valt veel te zien. Geniet al wandelend of fietsend van het vele moois dat deze vallei te bieden heeft.

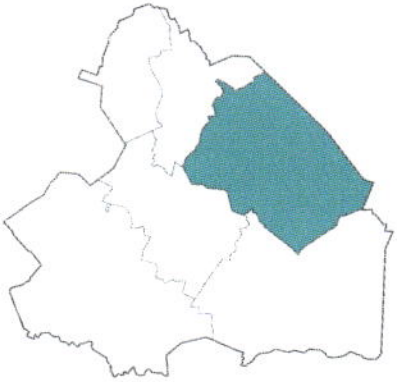

Aangeboden door:

Restaurant De Wiemel
Gieterweg 2
9462 TD Gasselte
+31 (0)599 56 47 25
www.restaurantdewiemel.nl

Scan de QR-code en bekijk route **125000** direct op je telefoon.

58.95 km | ± 3:28 uur | 1039 kcal | 312 m

Fietsroute 'Een heerlijke tocht door Drenthe'

In Boswachterij Gieten-Borger is het lekker kilometers maken. Hoe dieper je het bos in fietst, hoe stiller het wordt. Even later rij je een stukje door het best bewaarde beek- en esdorpenlandschap van West-Europa. Ten oosten van Gasselte rij je even door het weidse landschap van het voormalige Drentse veengebied. Even verderop fiets je door het kleine Schreiersbos: de bomen beschermen de achterliggende woonwijk tegen de veenkoloniale zandstormen in het voorjaar. Aan de Hunze bij Gasselternijveen kom je langs De Juffer, een korenmolen uit 1841 die eerst nog op een andere plek in het dorp stond. Bij Restaurant de Wiemel kun je terecht voor een lekker kopje koffie, lunch en diner.

Ga voor de routebeschrijving van route **125000** naar www.route.nl.

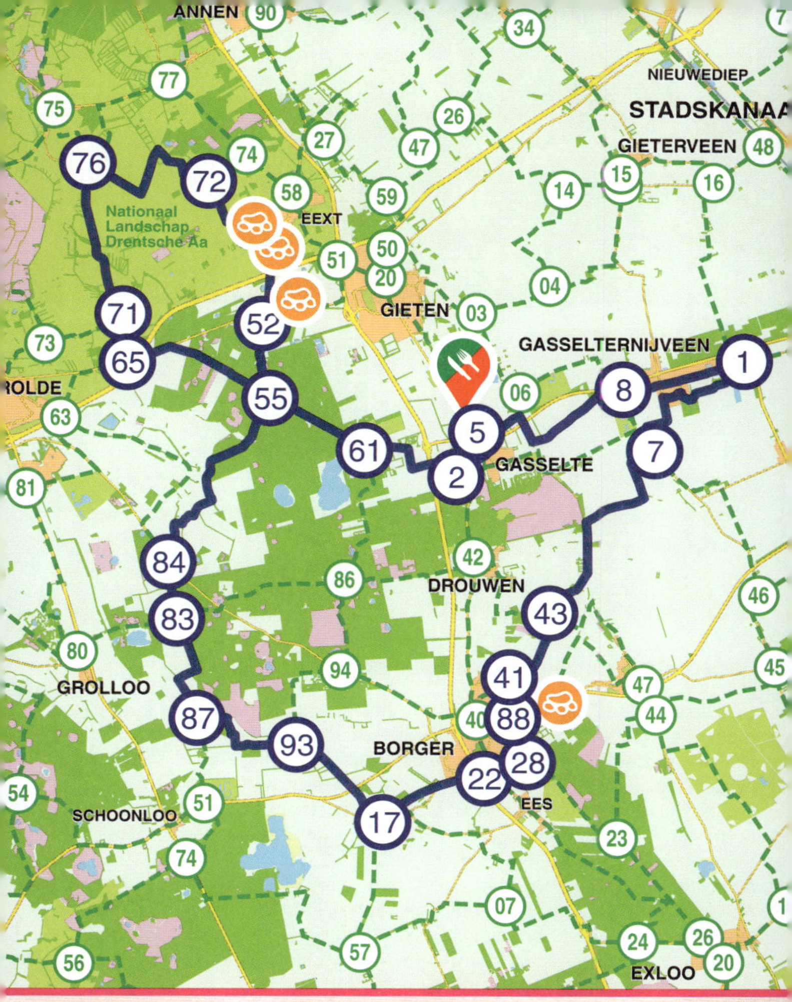

Drenthe | Gasselte | 58,96 km | print route 125000 op www.route.nl

Aangeboden door:

Snack- & Eetcafé Eexterhalte
Stationsstraat 60
9463 TJ Eext
+31 (0)592 26 32 66
www.eexterhalte.nl/

Scan de QR-code en bekijk route **114784** direct op je telefoon.

70

39.59 km	± 2:19 uur	698 kcal	215 m

Fietsroute 'Drenthe en haar hunebedden'

Op korte afstand kom je langs vier hunebedden. Rondom Eext kun je nog meer Drentse cultuurhistorie beleven. Je rijdt namelijk een stuk door Nationaal beek- en esdorpenlandschap Drentsche Aa. Dit idyllische landschap is in 150 jaar tijd nauwelijks veranderd. Wat een prachtig gebied! Niet alleen het landschap ademt de sfeer van vroeger: je ziet ook oude Saksische boerderijen, zoals in het sfeervolle Anderen. In Boswachterij Gieten-Borger leidt het pad je door een mix van loof- en naaldbossen en heideveldjes. Hoe dieper je in deze bomenzee doordringt, hoe stiller het wordt. Je vindt hier ook het bekende Boomkroonpad. Tijdens een educatieve wandeling door de boomkruinen heb je prachtige vergezichten over de prachtige omgeving. Bij Snack- & Eetcafé Eexterhalte kun je op het gezellige terras lekker rustig bijtanken.

Ga voor de routebeschrijving van route **114784** naar www.route.nl.

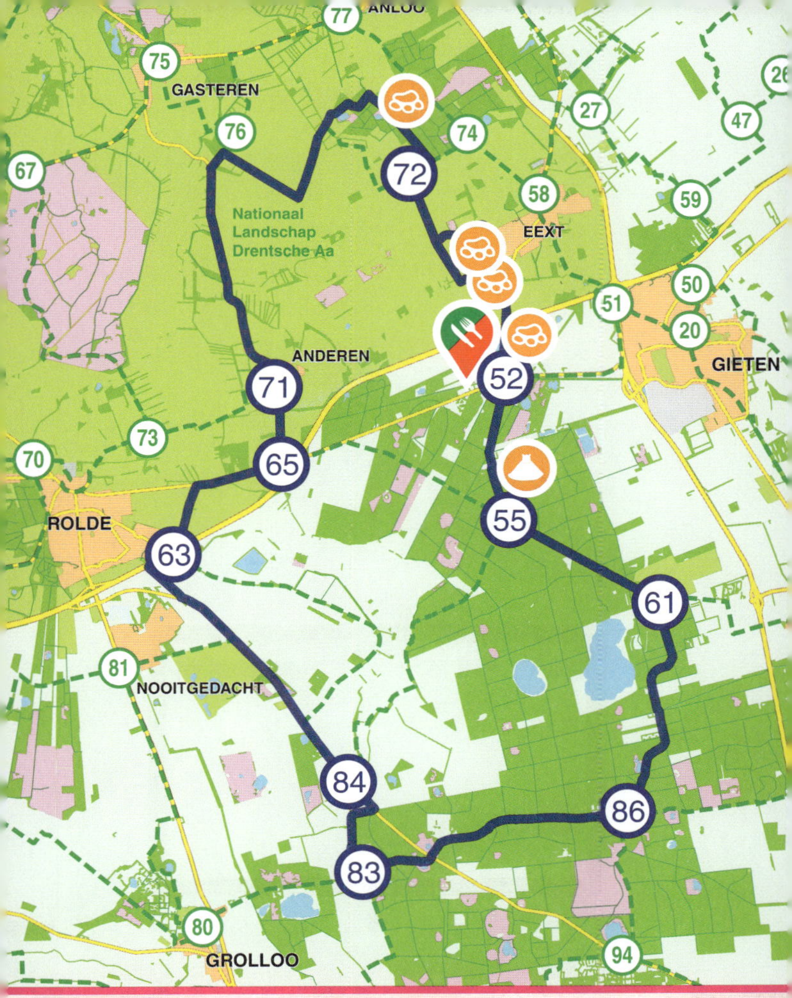
ANLOO
77
75
GASTEREN
76
72
74
27
47
26
67
58
59
Nationaal
Landschap
Drentsche Aa
EEXT
51
50
20
GIETEN
ANDEREN
71
52
73
70
65
55
ROLDE
63
61
81
NOOITGEDACHT
84
86
83
80
GROLLOO
94

Deel je ervaringen met andere

We zijn ontzettend benieuwd naar alle mooie dingen die je onderweg hebt gezien en alle ervaringen die je op hebt gedaan. Wat vond je bijvoorbeeld het meest verrassende plekje dat je onderweg hebt ontdekt? En heb je misschien nog leuke tips die je andere fietsers en wandelaars niet wilt onthouden?

Inspireer anderen met je verhalen

Deel je ervaring over de route op de website en in de app zodat je mede fietsers en wandelaars hiermee helpt.

KOP VAN DRENTHE

Slenter over de brink van Assen en fiets daarna nog even door Beekdallandschap de Onlanden. Verken de Koloniën van Weldadigheid en de leuke terrasjes rond het Paterswoldsemeer!

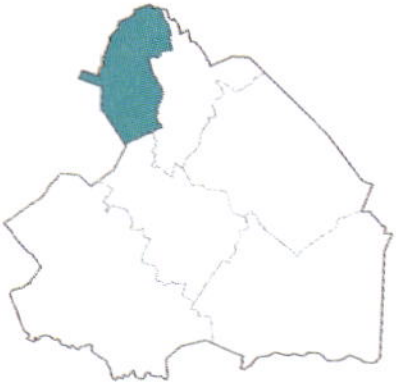

Aangeboden door:
Hotel Eetcafé Zalencentrum
Onder de Linden
Brink 27
9301 JK Roden
+31 (0)50 501 90 21
www.hotelonderdelinden.nl

Scan de QR-code en bekijk route **335711** direct op je telefoon.

37.45 km	± 2:12 uur	660 kcal	180 m

Fietsroute 'Fietsen in de Kop van Drenthe'

In de Kop van Drenthe gaat je fietsershart sneller kloppen. Je rijdt er door een afwisselende omgeving volop natuur en oude esdorpjes. Ook kom je langs het prachtige Museum Nienoord. Rondom het Leekstermeer rij je door een weids laagveengebied. Door deze kom tussen de hogere Drentse zandgronden en Groningse kleigronden zie je veel beken stromen, zoals het Lettelberterdiep. Net onder Roden fiets je door Landgoed Mensinge dat vanwege zijn karakteristieke landschap ook wel Drenthe in een notendop wordt genoemd. In de eeuwenoude havezate is een museum gevestigd. Na je fietstocht kun heerlijk ontspannen bij het gezellige Hotel Eetcafé Zalencentrum Onder de Linden. Bij het Groningse Leek kom je langs het prachtige Nienoord. Deze buitenplaats ontstond in de zestiende eeuw als ontginningsproject in een uitgestrekt veengebied. Nu is het een stijlvol adellijk landgoed met een prachtige borg uit 1524.

Ga voor de routebeschrijving van route **335711** naar www.route.nl.

Drenthe | Roden | 37,45 km | print route 335711 op www.route.nl

ZUIDOOST DRENTHE

Rond 1850 vond je hier de laatste grote hoogveencomplexen van het land. Nu nog zijn er stukken van over, waaronder het Bargerveen. Zo zag Nederland er vroeger uit. Bijzonder!

Aangeboden door:

Europarcs Resort Reestervallei
Veldhuisweg 4
7955 PP IJhorst
+31 (0)88 070 80 90
www.europarcs.nl/vakantieparken/resort-reestervallei

Scan de QR-code en bekijk route **764110** direct op je telefoon.

12.22 km	± 3:03 uur	695 kcal	67 m

Wandelroute 'Het Reestdal, een echt wandelparadijs'

Het Reestdal is een echte wandelparel. In dit oogstrelende oude cultuurlandschap vind je volop rust en ruimte. Ook loop je een stukje door IJhorst en het aangrenzende bos. Je start deze route bij Europarcs Vakantieparken Resort Reestervallei. Vanuit dit leuke logeeradres stap je zo het Carstenbos bij IJhorst in. Het is hier lekker ongestoord wandelen, ideaal om even terug te schakelen. Aan de rand van IJhorst lijk je even terug de tijd in te lopen als je enkele monumentale oude boerderijen passeert. De dorpskerk dateert uit 1823, er staat een houten klokkenstoel bij. Het voetpad leidt je vervolgens het Reestdal in. Dit kronkelige riviertje vormt over enkele tientallen kilometers de grens tussen Overijssel en Drenthe. De rust en het ongeschonden karakter van dit gebied maken het Reestdal dan ook tot een waar paradijsje voor natuurliefhebbers!

Ga voor de routebeschrijving van route **764110** naar www.route.nl.

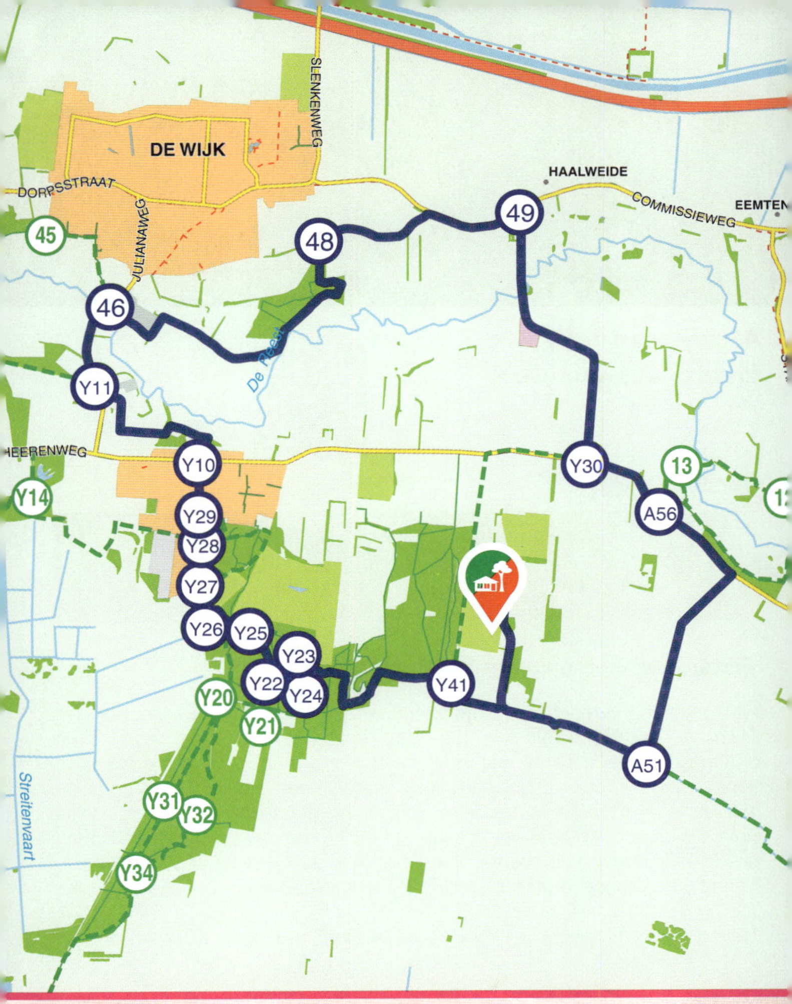
DE WIJK
SLENKENWEG
DORPSSTRAAT
JULIANAWEG
HAALWEIDE
COMMISSIEWEG
EEMTEN
45
48
49
46
De Reest
Y11
HEERENWEG
Y10
Y30
13
Y14
Y29
A56
Y28
Y27
Y26
Y25
Y23
Y22
Y24
Y41
Y20
Y21
A51
Streitenvaart
Y31
Y32
Y34

Aangeboden door:

Grand Cafe De Witte Olifant
Van Echtenskanaal NZ 600
7891 AW Klazienaveen
+31(0)591 39 47 87
www.dewitte-olifant.nl

Scan de QR-code en bekijk route **341493** direct op je telefoon.

Afstand	Tijd	Verbruik	Hoogte
63.59 km	± 3:44 uur	1121 kcal	275 m

Fietsroute 'Fietsen langs het Bargerveen'

Het mag dan heerlijk fietsen zijn door de graslanden en natuurgebiedjes in Drenthe, eeuwen geleden lag de provincie erbij als een bijna ondoordringbaar moeras. Het Bargerveen is een uniek restant van dit oude hoogveen, je vindt er bijzondere planten en dieren. Bovendien is de stilte hier, in de uiterste zuidoosthoek van Drenthe, oorverdovend. In het Duitse Twist zie je aan de Flensbergstrasse 11 het Heimathaus, een karakteristiek Emslandse hoeve. Even verderop eindigt je route Herberg De Witte Olifant. Na je tocht kun je hier heerlijk eten en van een goede nachtrust genieten.

Ga voor de routebeschrijving van route **341493** naar www.route.nl.

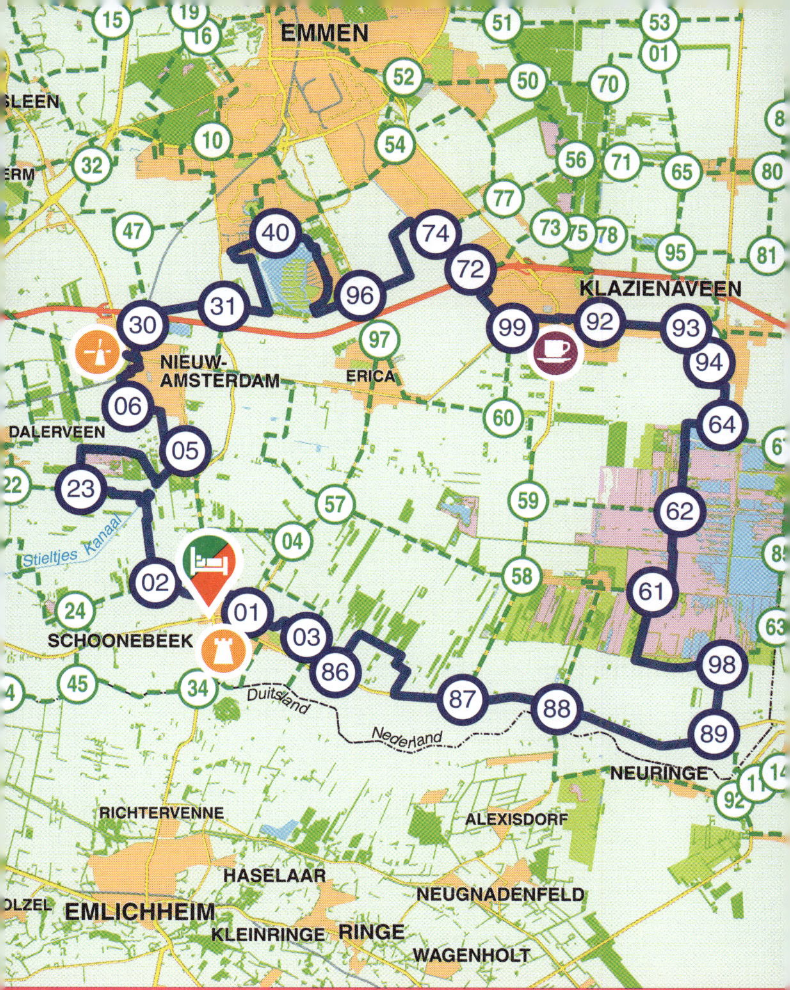

Drenthe | Schoonebeek | 63,59 km | print route 341493 op www.route.nl

Aangeboden door:

Herberg De Witte Olifant
Europaweg 132
7761 AL Schoonebeek
+31 (0)524 53 24 24
www.dewitte-olifant.nl

Scan de QR-code en bekijk route **341493** direct op je telefoon.

63.59 km	± 3:44 uur	1121 kcal	275 m

Fietsroute 'Fietsen langs het Bargerveen'

Het mag dan heerlijk fietsen zijn door de graslanden en natuurgebiedjes in Drenthe, eeuwen geleden lag de provincie erbij als een bijna ondoordringbaar moeras. Het Bargerveen is een uniek restant van dit oude hoogveen, je vindt er bijzondere planten en dieren. Bovendien is de stilte hier, in de uiterste zuidoosthoek van Drenthe, oorverdovend. In het Duitse Twist zie je aan de Flensbergstrasse 11 het Heimathaus, een karakteristiek Emslandse hoeve. Even verderop eindigt je route Herberg De Witte Olifant. Na je tocht kun je hier heerlijk eten en van een goede nachtrust genieten.

Ga voor de routebeschrijving van route **341493** naar www.route.nl.

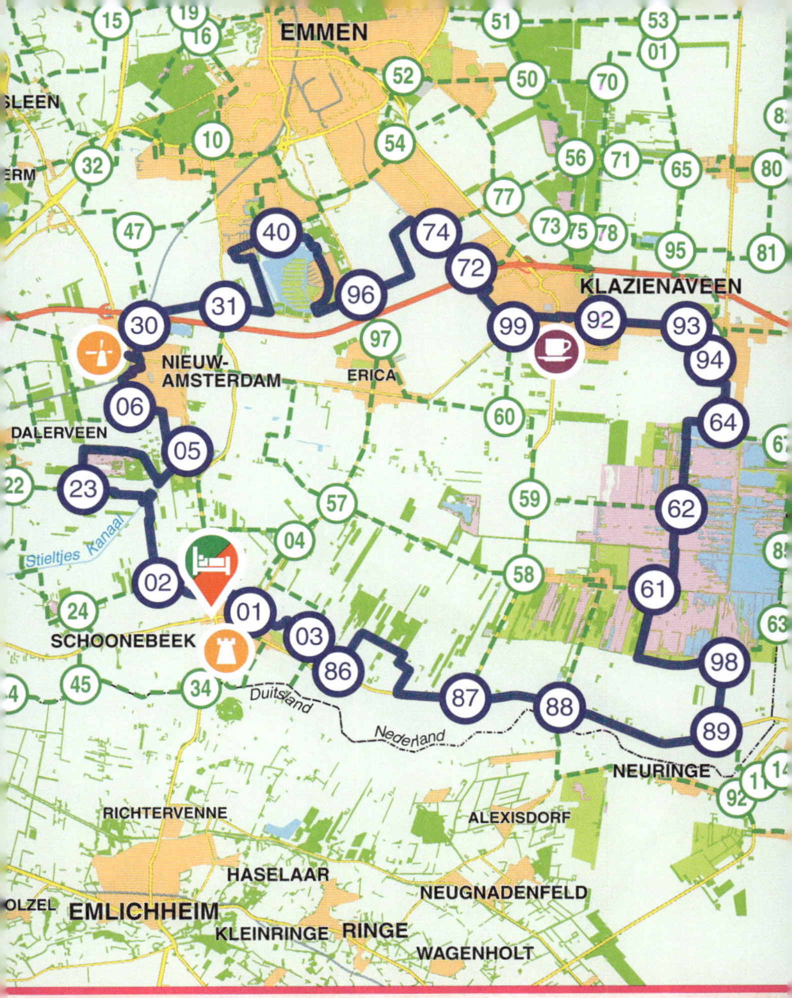
EMMEN
KLAZIENAVEEN
NIEUW-AMSTERDAM
ERICA
DALERVEEN
SCHOONEBEEK
Stieltjes Kanaal
Duitsland
Nederland
NEURINGE
RICHTERVENNE
ALEXISDORF
HASELAAR
NEUGNADENFELD
EMLICHHEIM
KLEINRINGE
RINGE
WAGENHOLT

route.nl
Route
39,7 km
2:38 uur

ZUIDWEST DRENTHE

In deze regio word je gegarandeerd verrast en verwelkomd door de stilte en ruimte. Deze regio is goed bedeeld met maar liefst 3 Nationale Parken en nog meer natuurgebieden. In deze oeroude natuur ontdek je bovendien de sporen van een bijzonder historisch verleden.

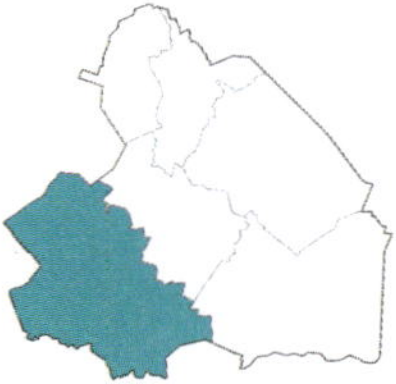

Aangeboden door:

Hotel Restaurant De Wapser Herberg
Ten Darperweg 104
7983 KP Wapse
+31 (0)521 55 12 78
www.wapserherberg.nl

Scan de QR-code en bekijk route **120852** direct op je telefoon.

45.04 km	± 2:38 uur	794 kcal	358 m

Fietsroute 'Historie en natuur in de Drents-Friese Wold'

Op de grens van Drenthe en Friesland ligt het Nationaal Park Drents-Friese Wold. Deze fietsroute loopt grotendeels door dit park bestaande uit bos, heide en stuifzanden. Het park is minder bekend bij toeristen dan het andere Drentse Nationaal Park Dwingelerveld. Daardoor is het er heerlijk rustig en het landschap van beide parken is vergelijkbaar. Je stapt op in het kleine plaatsje Wapse, bij Hotel Restaurant De Wapser Herberg. Dit is een knus familiehotel vol nostalgische spulletjes zoals oude koffiemolens, theepotten, strijkijzers, en fietslantaarns. Zeker het bekijken waard voor je aan je fietstocht begint. Vlak voor je het brinkdorpje Doldersum binnenfietst, steek je de Vledder Aa over. Dit beekje ontspringt in het Drents-Friese Wold. Hier vind je ook een schaapskooi en een uitkijktoren die een mooi uitzicht biedt op het Doldersummerveld, een nat heidegebied.

Ga voor de routebeschrijving van route **120852** naar www.route.nl.

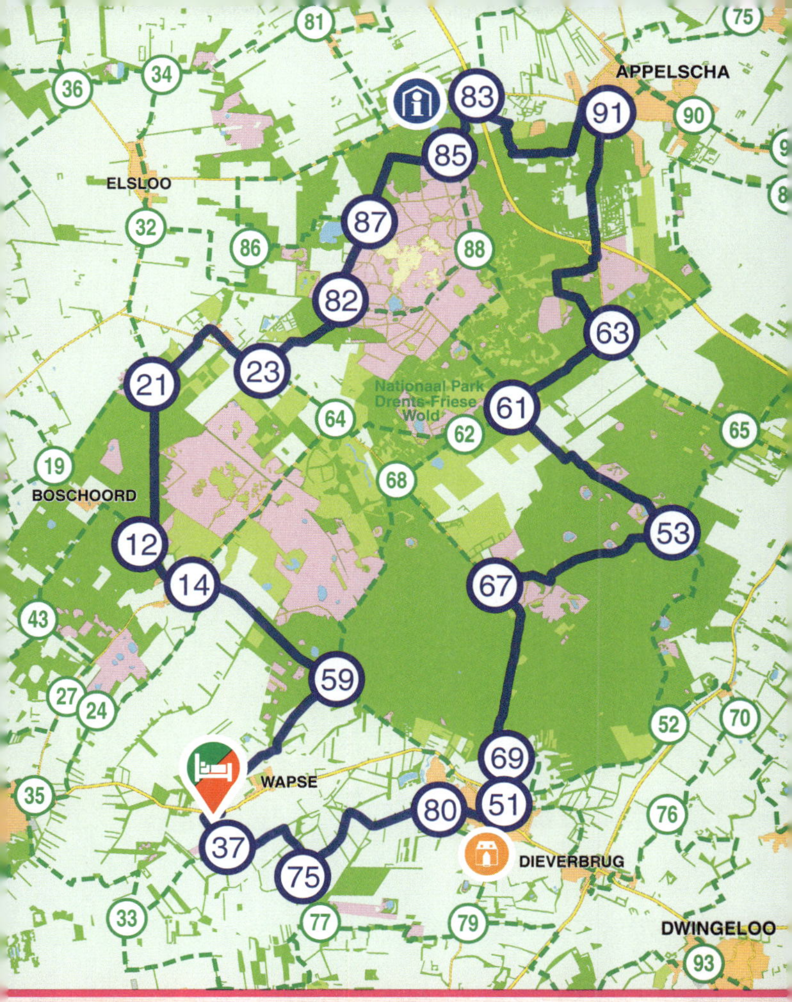
APPELSCHA
ELSLOO
BOSCHOORD
Nationaal Park Drents-Friese Wold
WAPSE
DIEVERBRUG
DWINGELOO
81
75
36
34
83
91
90
85
87
32
86
88
82
63
21
23
61
64
62
65
19
68
53
12
14
67
43
59
27
24
52
70
69
35
80
51
76
37
75
33
77
79
93

PROVINCIE
Overijssel

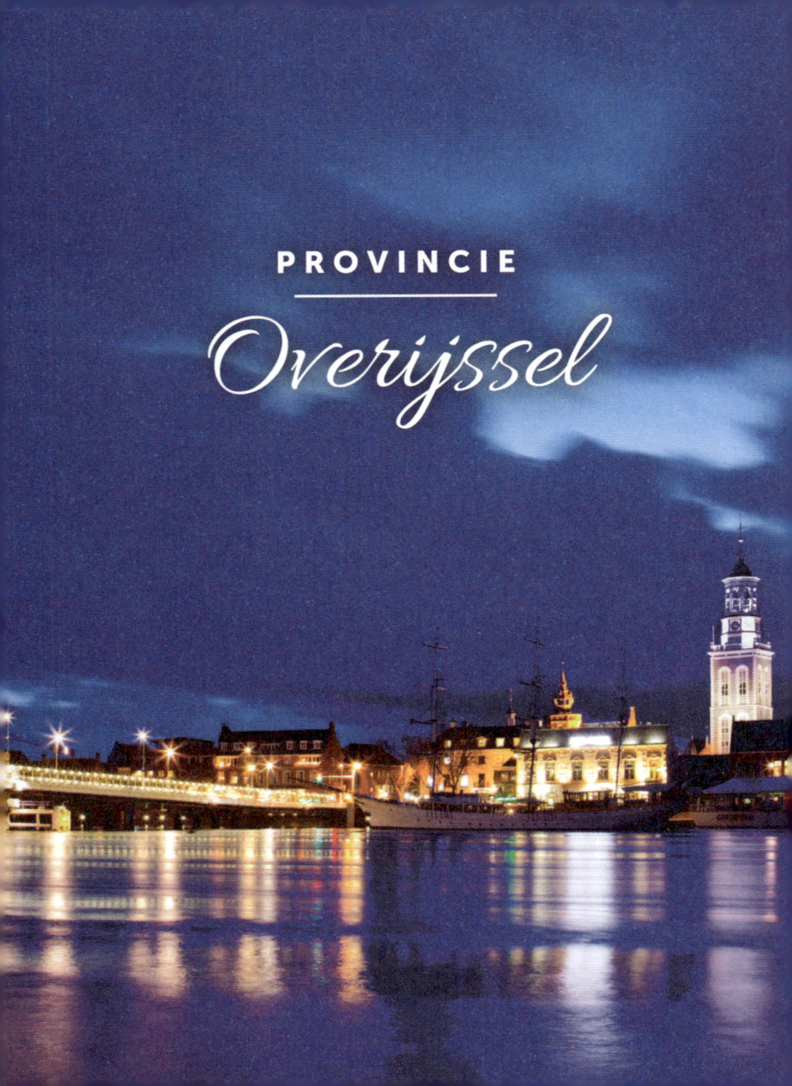

ACHTERHOEK

Er valt zoveel te beleven in de Achterhoek. Van eindeloos wandelen door de bossen tot fietsen van de ene wijngaard naar de andere, gezellige middeleeuwse stadjes verkennen en nog veel meer. Kom het zelf ontdekken!

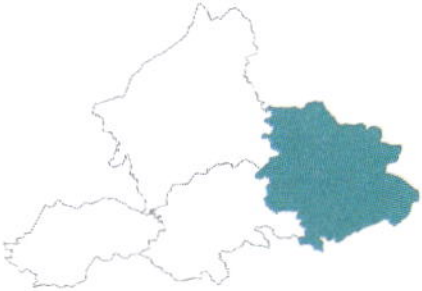

Aangeboden door:

Boetiek Hotel BonAparte
Lochemseweg 37
7244 RR Barchem
+31 (0)573 29 89 00
www.hotelbonaparte.nl

Scan de QR-code en bekijk route **761354** direct op je telefoon.

90

Afstand	Duur	Energie	Hoogte
89.46 km	± 5:15 uur	1577 kcal	496 m

Fietsroute 'Landgoederen & Modern Realisme in de Achterhoek'

Modern Realisme in de Achterhoek? Jazeker! Je vindt hier het grootste museum op dit gebied, met zelfs een tweede locatie in een prachtig kasteel. Langs de route ontdek je ook mooie landgoederen. Deze route start met een kopje koffie bij Boektiek Hotel BonAparte, aan de voet van de Lochemse Berg. Langs de weilanden, bossen, vennen en de kabbelende beekjes van de Achterhoek fiets je naar Kasteel Ruurlo. Dit is de tweede locatie van Museum MORE, het grootste museum voor Nederlands Modern Realisme. Je fietst dwars door het mooie oude Ruurlo. Verderop ontdek je Landgoed De Hees, dat al meer dan 500 jaar oud is. Door het Achterhoekse coulisselandschap rijd je naar het leuke Gorssel, waar je een bezoekje kunt brengen aan de hoofdlocatie van Museum MORE. Via het leuke Lochem fiets je terug naar je startpunt.

Ga voor de routebeschrijving van route **761354** naar www.route.nl.

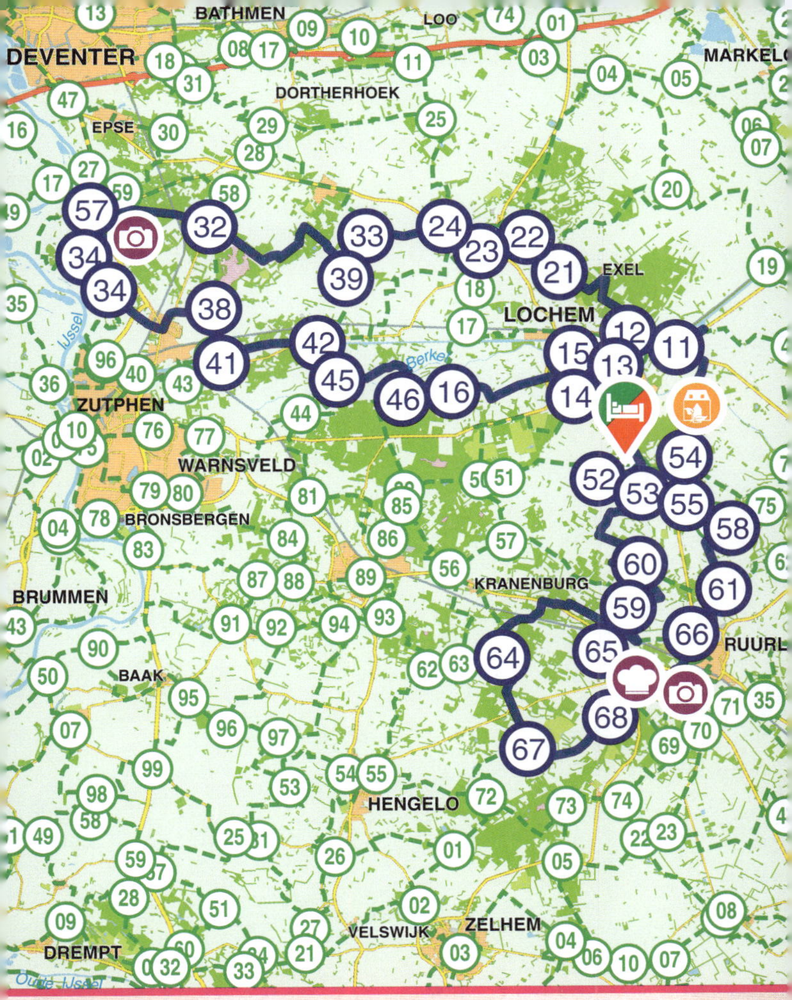

Gelderland | Barchem | 89,46 km | print route 761354 op www.route.nl

IJSSELDELTA

Ga op pad in de Hanzesteden langs de IJssel en laat de historie tot leven komen of kom tot rust in de stille polders en deltagebieden. Dat is zeker weten genieten geblazen!

Aangeboden door:

Hotel Zwartewater
De Vlakte 20
8064 PC Zwartsluis
+31 (0)38 386 64 44
www.hotelzwartewater.nl

Scan de QR-code en bekijk route **1103669** direct op je telefoon.

94

25.72 km	± 6:25 uur	1462 kcal	120 m

Wandelroute '2 Delige wandeling in Weerribben Wieden en Zwartsluis'

Je wandelroute gaat van start bij Hotel Zwartewater. Bij warm weer geniet je van een hapje en drankje op het terras, pal aan rivier Het Zwarte Water. Halverwege de route kom je hier weer langs, precies op tijd voor de lunch! Je wandelt vandaag door de prachtige natuur van De Wieden, dat deel uitmaakt van Nationaal Park Weerribben-Wieden. Je ziet hier uitgestrekte rietlanden, hooilanden vol bloemen en dichtbegroeide moerasbossen. Hoe ongerept het landschap ook oogt, De Wieden is een cultuurlandschap. Vanaf de vijftiende eeuw werd hier veen gebaggerd dat te drogen werd gelegd op smalle legakkers. Zwartsluis ligt op het punt ligt waar het Zwarte Water en het Meppelerdiep samenkomen. Het was de doorvoerhaven voor het transport van Drentse turf naar Holland. Je ziet er enkele mooie monumentale panden.

Ga voor de routebeschrijving van route **1103669** naar www.route.nl.

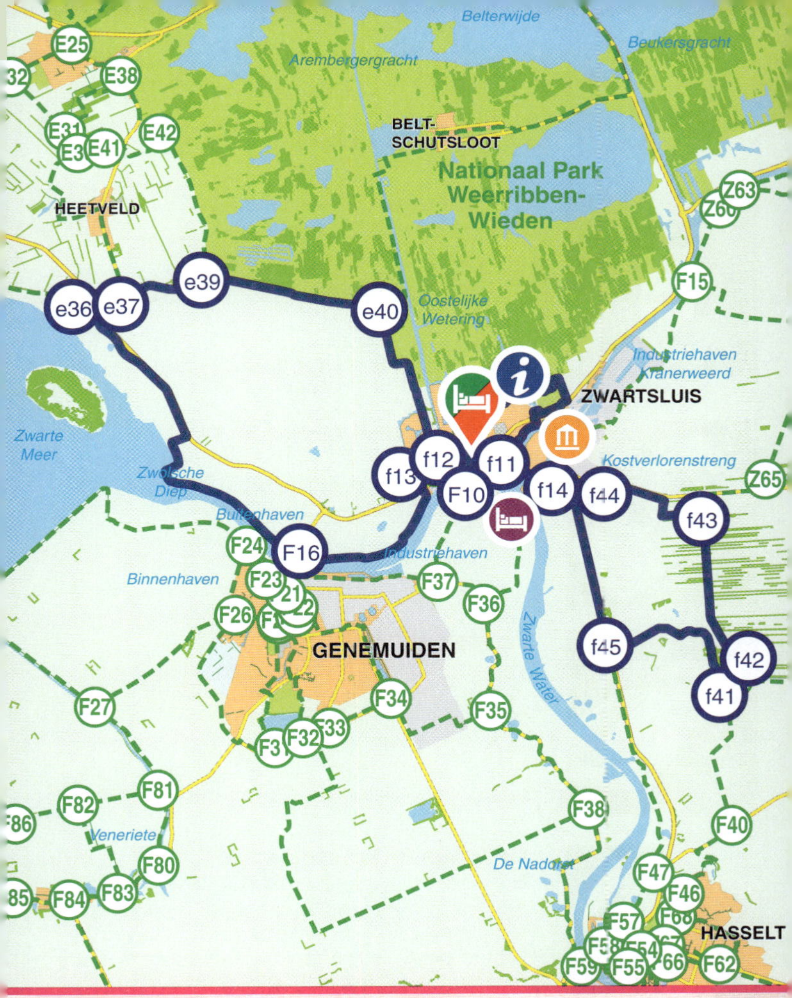
Belterwijde
Beukersgracht
Arembergergracht
BELT-
SCHUTSLOOT
Nationaal Park
Weerribben-
Wieden
HEETVELD
Oostelijke
Wetering
Industriehaven
Kranenweerd
ZWARTSLUIS
Kostverlorenstreng
Zwarte
Meer
Zwolsche
Diep
Buitenhaven
Industriehaven
Binnenhaven
GENEMUIDEN
Zwarte Water
Veneriete
De Nadorst
HASSELT
E25
E38
E31
E41
E42
e36
e37
e39
e40
f12
f11
f13
F10
f14
f44
f43
f45
f42
f41
F16
F24
F23
F26
F37
F36
F27
F34
F35
F32
F33
F81
F82
F80
F83
F84
F38
F40
F47
F46
F57
F62
F59
F55
F15
Z63
Z65

Handige functies
van de route.nl app

Offline gebruik van de App

1. Open de route die je offline wilt gebruiken en klik op 'Download voor offline'.
2. Klik op 'Download deze route en de route wordt gedownload.
3. Je kunt zonder internet de route gebruiken.

Favoriete routes op één plek

Routes in de app en op de website kun je als favoriet markeren door op het ster-icoon te klikken. Al deze favorite routes vind je in de app terug door te tikken op 'mijn routes' en vervolgens op 'favorieten'.

Routes in de buurt

Met meer dan 150.000 fiets- en wandelroutes voorziet route.nl je van alle inspiratie die je maar nodig hebt om op pad te gaan. Zoek snel en eenvoudig de routes waar jij van houdt met het keuzemenu in de filter of zoek routes in de buurt van de plek waar jij je bevindt.

GPS functionaliteit

Hoe ver is het nog? Vanaf nu kun je ook de afstand tot het eindpunt zien tijdens het navigeren waar je bent op de kaart. Klik een 2e keer op het GPS icoon en de kaart draait met je mee. De pijl geeft aan in welke richting je rijdt. Zo kun je altijd je weg vinden.

SALLAND

Salland staat bekend om het Nationaal Park De Sallandse Heuvelrug vol gevarieerde landschappen die het perfecte decor vormen voor tal van tochtjes, maar je vindt hier ook veel gezellige dorpjes en steden zoals Zwolle.

Aangeboden door:

Bistro de Oale Stè / Camping de Noetselerberg
Holterweg 116
7441 DK Nijverdal
+31 (0)548 62 24 78
www.oaleste.nl

Scan de QR-code en bekijk route **118900** direct op je telefoon.

98

27.07 km	± 1:35 uur	477 kcal	264 m

Fietsroute 'De prachtige bossen op de Sallandse Heuvelrug'

Het landschap van Nationaal Park Sallandse Heuvelrug werd 200.000 jaar geleden gevormd door gletsjers uit Scandinavië. Nu bestaat de Sallandse natuur uit bossen en heide. Je rijdt over een deel van het uitgestrekte heideveld dat het hart van dit gebied vormt. Je ziet hier veel jeneverbesstruiken. Vervolgens rij je de dichte bossen in die zijn aangeplant om zandverstuivingen tegen te gaan. Tussen de bomen is het heerlijk fris en stil. Het zal je geen moeite kosten hier even terug te schakelen. Je rijdt een paar keer langs de rand van het nationale park, hier zie je een gevarieerd landschap van bos, weilanden en akkers. Van al dat natuurschoon heb je vast honger gekregen. Bij Bistro de Oale Stè / Camping de Noetselerberg kun je lekker eten!

Ga voor de routebeschrijving van route **118900** naar www.route.nl.

Overijssel | Nijverdal | 27,07 km | print route 118900 op www.route.nl

Aangeboden door:

Eetcafe De Droadnagel
Molenweg 8
7448 RE Haarle
+31 (0)548 85 24 72
www.dedroadnagel.nl

Scan de QR-code en bekijk route **1189008** direct op je telefoon.

49.70 km	± 2:55 uur	876 kcal	368 m

Fietsroute 'Sallandse Heuvelrug: Haarler- en Holterberg'

Je route gaat van start bij het gezellige Eetcafe De Droadnagel in Haarle, aan de voet van de Haarlerberg. Je actieve dag in de buitenlucht begint meteen met een klimmetje: Nationaal Park Sallandse Heuvelrug is niet vlak! Volgens een legende zijn de heuvels ontstaan door een reus die een zak zand met zich meedroeg. Er zou een gaatje in de zak gezeten hebben, waardoor het zand weglekte. De uitzichten over de prachtige omgeving vormen een mooie beloning voor je inspanning. Vooral de stokoude jeneverbesstruiken zijn een plaatje. In dit gebied leeft nog een van de twee overgebleven groepen korhoenders in Nederland. Neem een kijkje bij Natuurdiorama Holterberg en fiets dan het gezellige en toeristische Holten in, aan de voet van de befaamde Holterberg. Via Nijverdal fiets je terug.

Ga voor de routebeschrijving van route **1189008** naar www.route.nl.

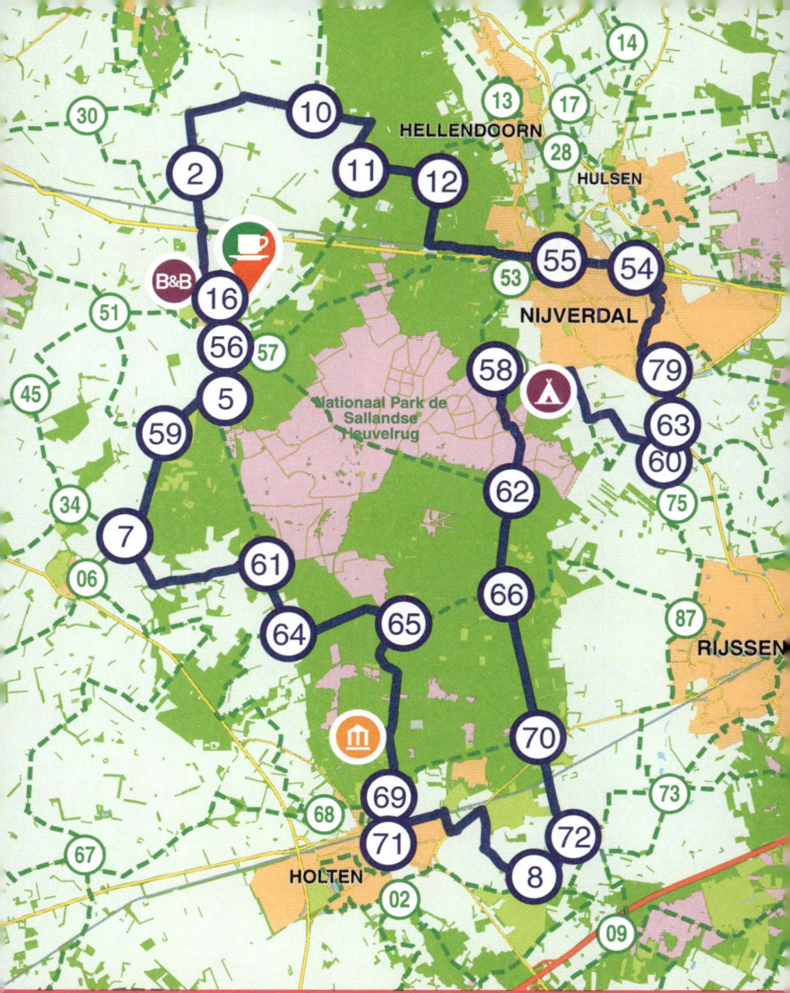

Overijssel | Haarle | 49,70 km | print route 1189008 op www.route.nl

Aangeboden door:
Restaurant De Hazelaer & Vakantiepark Hof van Salland
Knollenhaarweg 7
7447 PP Hellendoorn
+31 (0)572 33 13 77
www.hofvansalland.com

Scan de QR-code en bekijk route **457095** direct op je telefoon.

Afstand	Duur	Calorieën	Hoogte
51.12 km	± 3:00 uur	901 kcal	431 m

Fietsroute 'Dorpjes aan de voet van de Sallandse Heuvelrug'

Het grootste gedeelte van deze route loopt in een grote ronde door het Nationaal Park De Sallandse Heuvelrug. Op de heuvels in dit gebied kun je genieten van prachtige vergezichten. Via Hellendoorn fiets je terug naar het startpunt van deze route. Restaurant De Hazelaer & Vakantiepark Hof van Salland vormt de uitvalsbasis van deze route. Hier kun je gezellig een nachtje blijven slapen, maar je kunt er ook alleen lunchen of dineren. Aan het einde van de route fiets je langs het voormalige kasteel Egede. Tegenwoordig vind je hier alleen nog een restant van de vroegere havezate en het bijbehorende boerenerf. De oorspronkelijke havezate werd hier gebouwd in de tweede helft van de 14e eeuw. Om het kasteel heen vind je het landgoed Egede ten noorden van het Overijssels kanaal.

Ga voor de routebeschrijving van route **457095** naar www.route.nl.

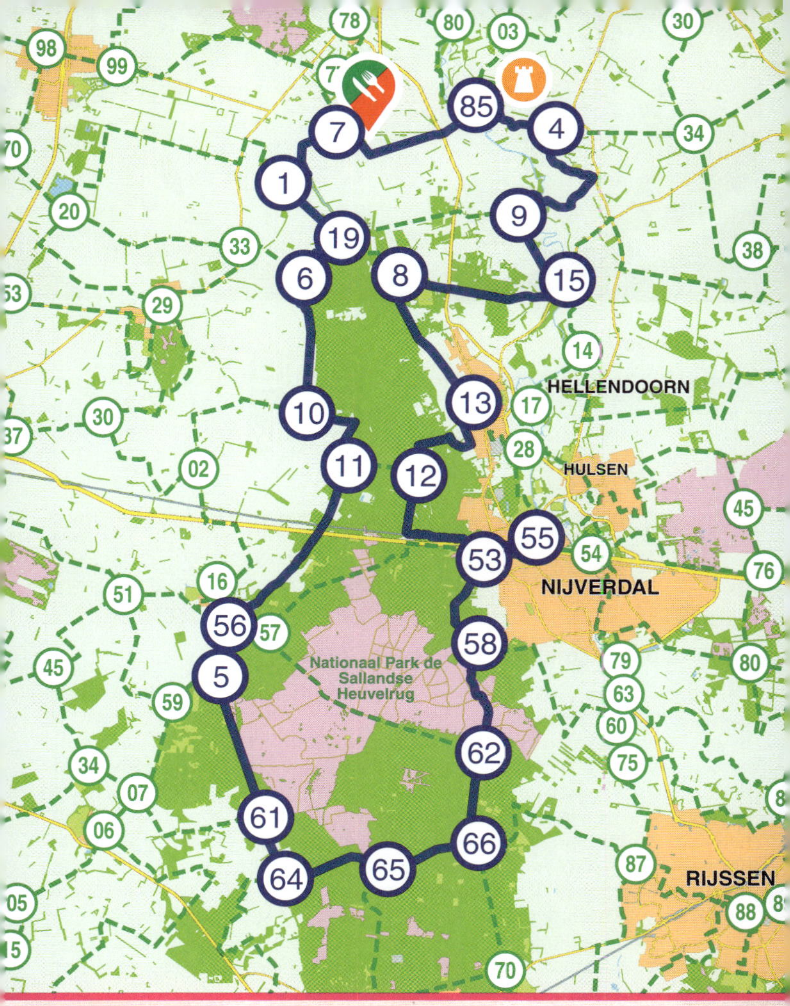
HELLENDOORN
HULSEN
NIJVERDAL
Nationaal Park de Sallandse Heuvelrug
RIJSSEN

Aangeboden door:

Restaurant De Heeren van Dorth
Dorpstraat 15
7437 AJ Bathmen
+31 (0)570 54 12 85
www.deheerenvandorth.nl

Scan de QR-code en bekijk route **710323** direct op je telefoon.

104

44.30 km	± 2:36 uur	781 kcal	238 m

Fietsroute 'Een rondje Bathmen en Gorssel'

De route start bij Restaurant De Heeren van Dorth. Pak hier even een terrasje, voordat je Bathmen doorfietst. In dit leuke dorpje zie je o.a. de mooie vijftiende-eeuwse dorpskerk, de toren heeft een zadeldak. Vervolgens fiets je een stukje langs de Schipbeek, een heerlijk tracé waar je volop geniet van de landelijke schoonheid en rust. Vlakbij de IJssel kom je langs de Ravenswaarden. Dit unieke natuurgebied behoort tot de best bewaard gebleven Nederlandse kronkelwaarden. Tijdens je route ontbreekt het je niet aan historische gebouwen. Je passeert bijvoorbeeld de Molen Geertruida Cornelia, een korenmolen uit 1893. Verderop kom je langs Dorth, een kasteel waarvan de oorsprong teruggaat tot de veertiende eeuw. Ook kom je langs Klein-Dennenbosch, een klein paradijsje. In dit prachtige park staan werken van ruim dertig kunstenaars opgesteld. Een bezoekje waard!

Ga voor de routebeschrijving van route **710323** naar www.route.nl.

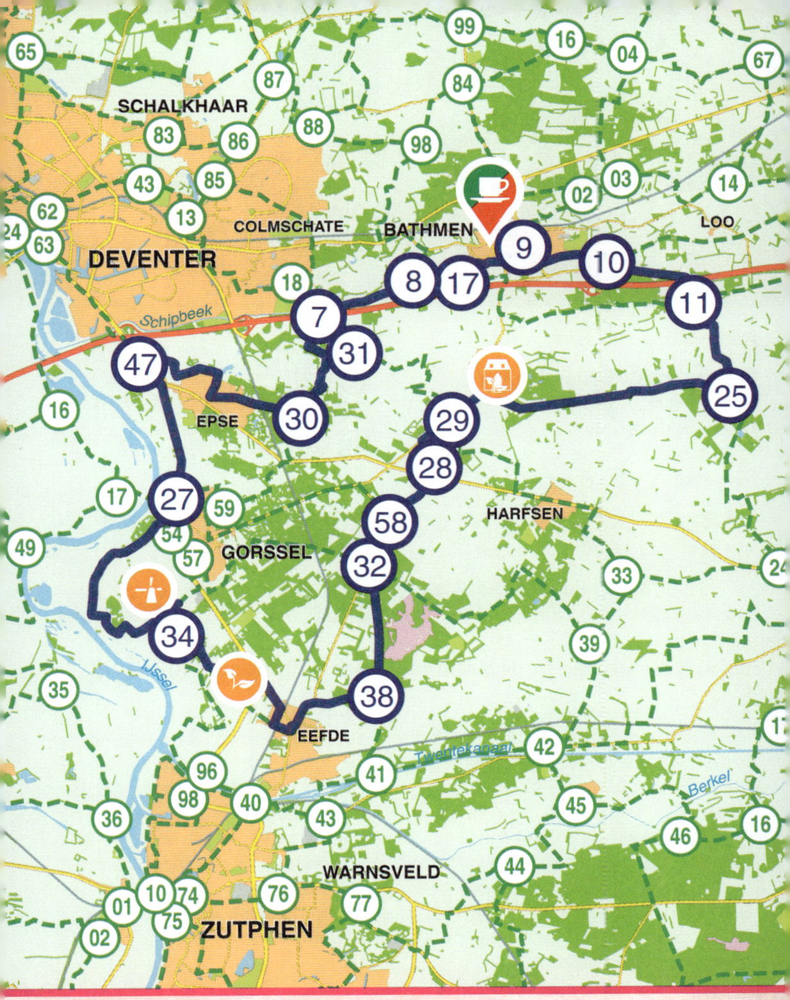
SCHALKHAAR
COLMSCHATE
BATHMEN
LOO
DEVENTER
Schipbeek
EPSE
HARFSEN
GORSSEL
IJssel
EEFDE
Twentekanaal
Berkel
WARNSVELD
ZUTPHEN

Aangeboden door:

Restaurant De Sallandse Berg
Grotestraat 285
7441 GS Nijverdal
+31 (0)548 74 65 88
www.desallandseberg.nl

Scan de QR-code en bekijk route **114673** direct op je telefoon.

106

35.21 km | ± 2:04 uur | 621 kcal | 345 m

Fietsroute 'Op pad door Nationaal Park Sallandse Heuvelrug'

Er gaat niets boven een dagje ontspannen in de natuur. Met deze route fiets je door Nationaal Park Sallandse Heuvelrug. Je rijdt door glooiende bossen waar loof- en naaldbomen groeien. Soms heb je doorkijkjes over weilanden en akkers, het maakt deze toch al fraaie route alleen nog maar leuker. Op de uitgestrekte heide zie je o.a. vliegendennen. Als je de schaapskudde tegenkomt die de heide begraast, waan je je even in vroeger tijden: een leuke ervaring. Je rijdt ook door de bossen op de Hellendoornse Berg, een heuvel die officieel niet tot het nationale park behoort. In Hellendoorn zie je o.a. De Hoop, een korenmolen uit 1854. Vlakbij het start- en eindpunt bevindt zich Restaurant De Sallandse Berg, je bent welkom voor een heerlijke maaltijd.

Ga voor de routebeschrijving van route **114673** naar www.route.nl.

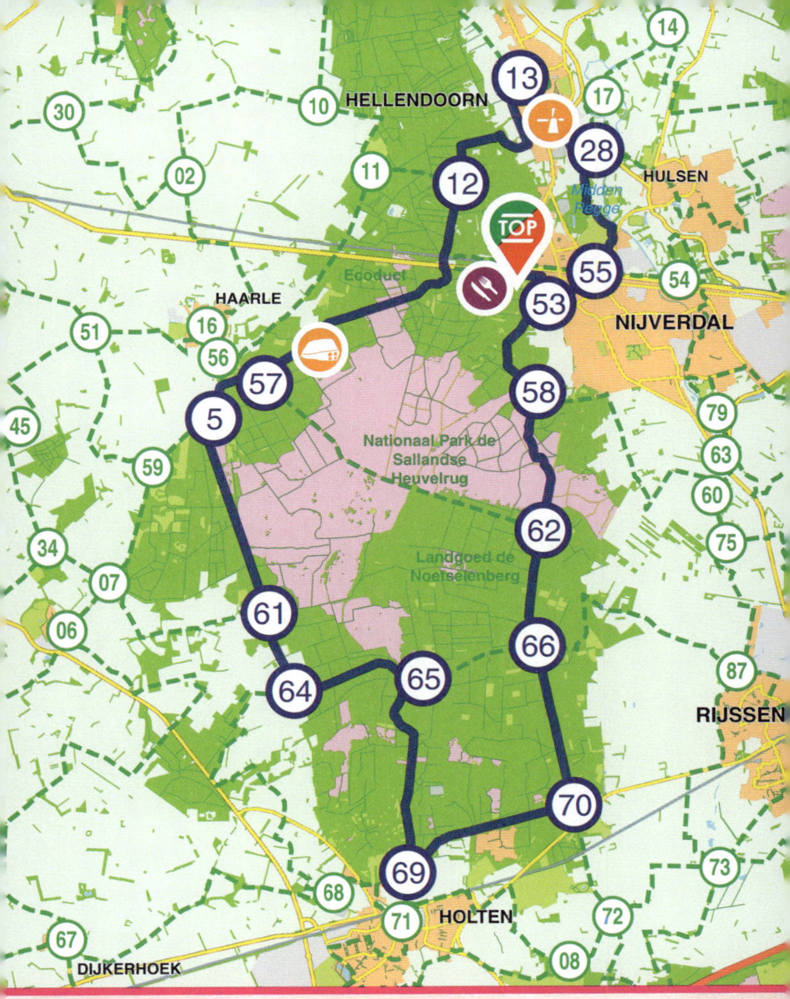
HELLENDOORN
HULSEN
Midden Regge
TOP
Ecoduct
HAARLE
NIJVERDAL
Nationaal Park de Sallandse Heuvelrug
Landgoed de Noetselenberg
RIJSSEN
HOLTEN
DIJKERHOEK
13
14
17
28
30
10
02
11
12
55
54
53
51
16
56
57
5
58
45
59
79
63
60
62
75
34
07
06
61
66
87
64
65
70
73
69
68
71
72
67
08

TWENTE

Twente heeft zoveel moois te bieden. Wat dacht je van prachtige bossen, uitgestrekte heidevelden, eeuwenoude landgoederen, historische boerderijen en gezellige dorpjes? Ontdek het zelf op je fiets of te voet.

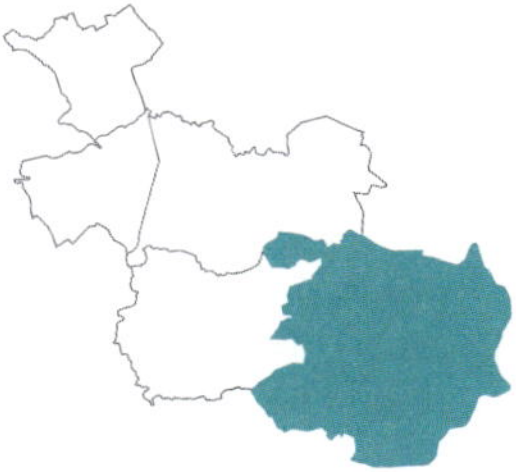

Aangeboden door:

Café Sprakel
Dorpsstraat 137
7524 CH Lonneker
+31 (0)53 433 43 40
www.cafe-sprakel.nl

Scan de QR-code en bekijk route **174271** direct op je telefoon.

110

53.48 km	± 3:08 uur	943 kcal	396 m

Fietsroute 'Fietsen langs de Duitse grens'

In het Twentse coulisselandschap lijkt de tijd soms stil gestaan te hebben. Er zijn veel traditionele boerderijen en andere monumenten te zien. Ook de natuur mag er zijn. Net onder het dorp Glanerbrug kom je door het Aamsveen, een grensoverschrijdend natuurgebied dat is ontstaan na afgraving van het hoogveen. Je vindt er natte broekbossen, heide en schraalgrasland: een bijzondere combinatie waar een grote diversiteit aan dieren zich thuis voelt. Over autoluwe weggetjes fiets je vervolgens door Duitsland, je komt o.a. door Gronau. Terug in Nederland fiets je langs de Oelemars, een voormalig zandwinningsgebied. In Losser kun je de losstaande Martinustoren uit 1500 bewonderen. Verderop kom je door het Haagse Bos, een verborgen Twents pareltje, en passeer je de Lonnekermolen. De route eindigt bij Café Sprakel.

Ga voor de routebeschrijving van route **174271** naar www.route.nl.

OLDENZAAL
ENSCHEDE
GLANERBRUG
LOSSER
GRONAU
(WESTFALEN)
EPE
EICHENDORFFSIEDLUNG
Duitsland
Nederland
30
95
65
76
4
80
71
72
18
70
17
69
21
14
11
13
26
12
27
1
15
23
02
03
16
04
28
5
5
6
52
88
53
60
7
86
87
8
89
9
10
11
44
91
90
93
94
45
80
95

Aangeboden door:

Hotel en Restaurant Frans op den Bult
Hengelosestraat 8
7561 RT Deurningen
+31 (0)74 277 3632
www.fransopdenbult.nl

Scan de QR-code en bekijk route **489294** direct op je telefoon.

74.17 km	± 4:21 uur	1308 kcal	590 m

Fietsroute 'De Duitse grens over vanuit Twente'

Na het opstappen rij je meteen het Twentse coulisselandschap in. Zo, dat is een lekker begin van je route. Vervolgens rij je de bossen door die aan de voet van de Lonnekerberg liggen. Verderop kom je door het Haagse Bos. Je steekt de Dinkel over, waarna je de grens met Duitsland passeert. Je rijdt hier door het Bentheimer Bos, waarna je door Gildehaus en Bad Bentheim fietst. Ook kom je langs het Gildehauser Venn, een veengebied met voornamelijk uitgestrekte heidevelden. Je blijft daarna even door de grensstreek rijden, waarna je de Lonnekermolen ziet. Deze werd hier gebouwd in 1851 als vervanger van een oude molen die afbrandde in 1847. Bij Hotel en Restaurant Frans op den Bult kom je weer op krachten met een maaltijd en overnachting.

Ga voor de routebeschrijving van route **489294** naar www.route.nl.

Overijssel | Deurningen | 74,17 km | print route 489294 op www.route.nl

Aangeboden door:

Grand Café De Steeg
Grotestraat 181-183
7622 GX Borne
+31 (0)74 266 79 53
www.grandcafedesteeg.nl

Scan de QR-code en bekijk route **422567** direct op je telefoon.

9.24 km | ± 2:18 uur | 525 kcal | 61 m

Wandelroute 'Verken het Twentse platteland rondom Borne'

Maak kennis met het Twentse platteland met deze route door Borne. In deze omgeving vind je kronkelende landweggetjes, glooiende akkers en uitgestrekte bossen met eeuwenoude bomen. Een heerlijke omgeving om doorheen te wandelen om tot rust te komen. Vanuit Borne hier wandel je een stukje door het historische dorp heen. Een deel van Borne geniet beschermd dorpsgezicht. Er valt dus genoeg moois te bekijken in dit dorp. Vanuit dit dorp wandel je door het groene buitengebied naar het plaatsje Hertme. Tussen de akkers kun je eindeloos wandelen in alle rust. Geniet hier van het uitgestrekte landschap. Vervolgens loop je weer terug naar Borne. De uitvalsbasis van deze route is Grand Café De Steeg. Hier kun je aan het einde van je wandeling neerstrijken voor een welverdiend hapje en een drankje. Met mooi weer is het goed toeven op het terras van Grand Café De Steeg.

Ga voor de routebeschrijving van route **422567** naar www.route.nl.

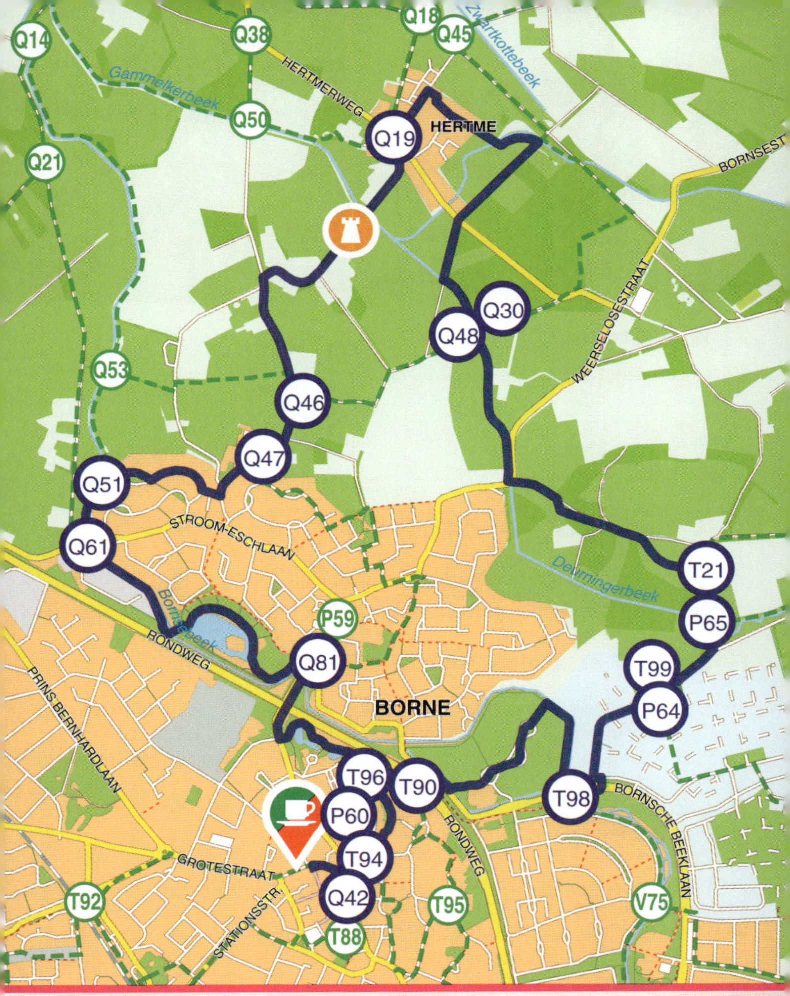
Q14
Q38
Q18
Q45
Zwartkottebeek
Gammelkerbeek
HERTMERWEG
Q50
Q19
HERTME
Q21
BORNSEST
WEERSELOSESTRAAT
Q30
Q48
Q53
Q46
Q47
Q51
STROOM-ESCHLAAN
Q61
T21
Deurningerbeek
P65
Bornsebeek
RONDWEG
P59
Q81
T99
P64
BORNE
PRINS BERNHARDLAAN
T96
T90
T98
BORNSCHE BEEKLAAN
P60
RONDWEG
T94
GROTESTRAAT
Q42
T92
STATIONSSTR.
T95
V75
T88

Aangeboden door:

Hotel Cafe Restaurant De Landmarke
Rossumerstraat 5
7636 PK Ootmarsum
+31 (0)541 29 12 08
www.landmarke.nl

Scan de QR-code en bekijk route **599019** direct op je telefoon.

53.59 km	± 3:09 uur	945 kcal	355 m

Fietsroute 'Fietsen door het mooie Twentse land'

Fietsen in Twente verveelt nooit, hoe vaak je er ook komt. Deze route neemt je mee door Het Springendal en mooie dorpjes als Vasse, Tubbergen en de stad Ootmarsum. Je voelt je als fietser meteen thuis in Twente. Het eeuwenoude kleinschalige essenlandschap met zijn authentieke Saksische boerderijen lijkt wel speciaal voor fietsers aangelegd. Het is hier heerlijk kilometers maken. In natuurgebied Het Springendal kun je je romantische hart ophalen aan de fraaie vijvers en smalle beekjes midden in het stille bos. Bij het sfeervolle Theehuis Lunchroom Dennenoord kun je een verkwikkende tussenstop maken, bijvoorbeeld met een high tea. Verderop kom je langs de Grote Geesterse Molen, een korenmolen uit 1867. In Ootmarsum lijkt de tijd stilgestaan te hebben. Stap gerust even af om van het karakteristieke sfeertje te genieten.

Ga voor de routebeschrijving van route **599019** naar www.route.nl.

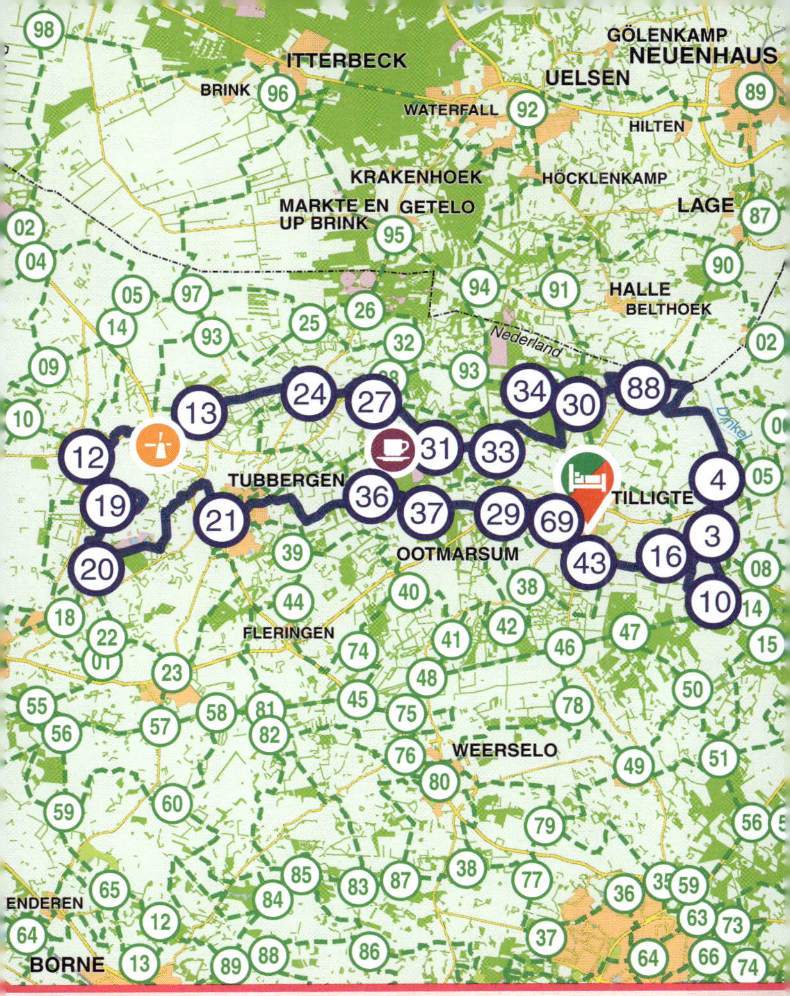
GÖLENKAMP
NEUENHAUS
ITTERBECK
UELSEN
BRINK
WATERFALL
HILTEN
KRAKENHOEK
HÖCKLENKAMP
MARKTE EN UP BRINK
GETELO
LAGE
HALLE
BELTHOEK
Nederland
Dinkel
TUBBERGEN
TILLIGTE
OOTMARSUM
FLERINGEN
WEERSELO
ENDEREN
BORNE

Aangeboden door:

Pannenkoekhoes De Stroper
Bentheimerstraat 25
7587 ND De Lutte
+31 (0)541 55 15 15
www.pannenkoekhoes.nl

Scan de QR-code en bekijk route **136176** direct op je telefoon.

118

51.32 km	± 3:01 uur	905 kcal	451 m

Fietsroute 'Fietsen vanuit Pannenkoekhoes De Stroper'

Aan het begin van de route kom je door het natuurgebied het Lutterzand. Dwars door de bijzondere natuur van het Lutterzand kronkelt het oeroude riviertje de Dinkel. Vanuit dit gebied fiets je via Overdinkel weer terug naar De Lutte. Het start- en eindpunt van deze route ligt bij Pannenkoekhoes De Stroper. Stap hier na je fietstocht binnen voor een lekkere versgebakken pannenkoek. Of je nu een pannenkoek met fruit bestelt of een oudhollandse spekpannenkoek, alles is hier om je vingers bij af te likken. Met een koud biertje, een kopje koffie of een glas limonade smaken de pannenkoeken nog lekkerder. Vanuit De Lutte ben je zo in de oude Hanzestad Oldenzaal. Deze stad heeft een rijke historie. Geschiedenisliefhebbers zijn dus aan het goede adres in deze stad. Verder vind je er ook mooie historische kerken, het museum Palthehuis en gezellige terrasjes.

Ga voor de routebeschrijving van route **136176** naar www.route.nl.

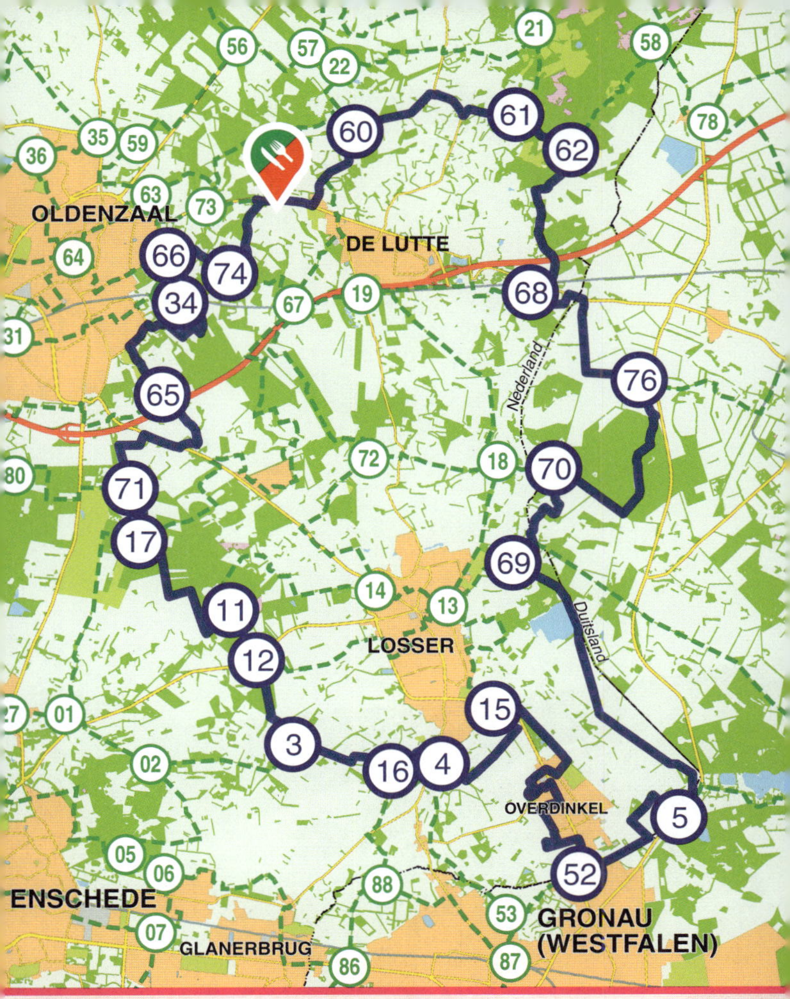

Overijssel | De Lutte | 51,32 km | print route 136176 op www.route.nl

VECHTDAL

Het Vechtdal is vernoemd naar de rivier de Vecht die hier door het landschap heen stroomt. Verder kun je hier een tochtje maken door stuifzandgebieden, weelderige bossen, historische brinkdorpjes en over heidevelden.

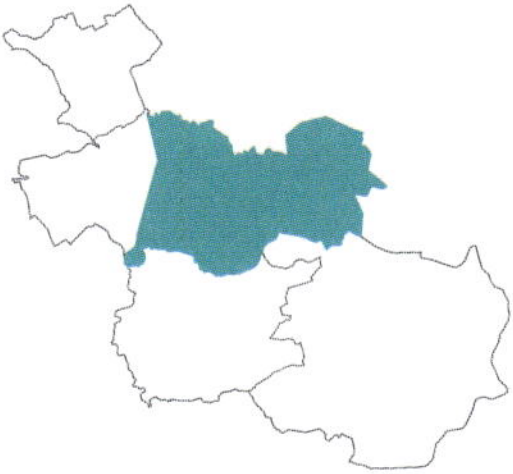

Aangeboden door:

Brasserie De Boerderij
De Haar 7
7707 PK Balkbrug
+31 (0)523 22 53 23
www.brasserie-de-boerderij.nl

Scan de QR-code en bekijk route **538673** direct op je telefoon.

13.77 km	± 3:26 uur	783 kcal	110 m

Wandelroute 'Wandelen door het schilderachtige Reestdal'

Bij Brasserie De Boerderij eet je eerst een lekkere maaltijd, zodat je met voldoende energie op pad gaat. In het Reestdal loop je door een mozaÃ¯ek van hooilanden, oude houtwallen, essen, heide en bossen. De rust en het ongeschonden karakter van dit gebied maken het Reestdal tot een waar paradijsje voor wandelende natuurliefhebbers. Mede dankzij de vele oude rietgedekte boerderijen waan je je hier even in een openluchtmuseum. Je loopt de licht glooiende heide van de Wildenberg over. Je ziet hier enkele prachtige solitaire eikenbomen. Even verderop kom je door Den Huizen, een oud buurtschap dat bestaat uit vier karakteristieke boerderijen. Na een pitstop bij Brasserie & Camping Si-Es-An leidt de tweede lus van deze route je door natuurgebied de Haardennen. Ook hier is het volop genieten!

Ga voor de routebeschrijving van route **538673** naar www.route.nl.

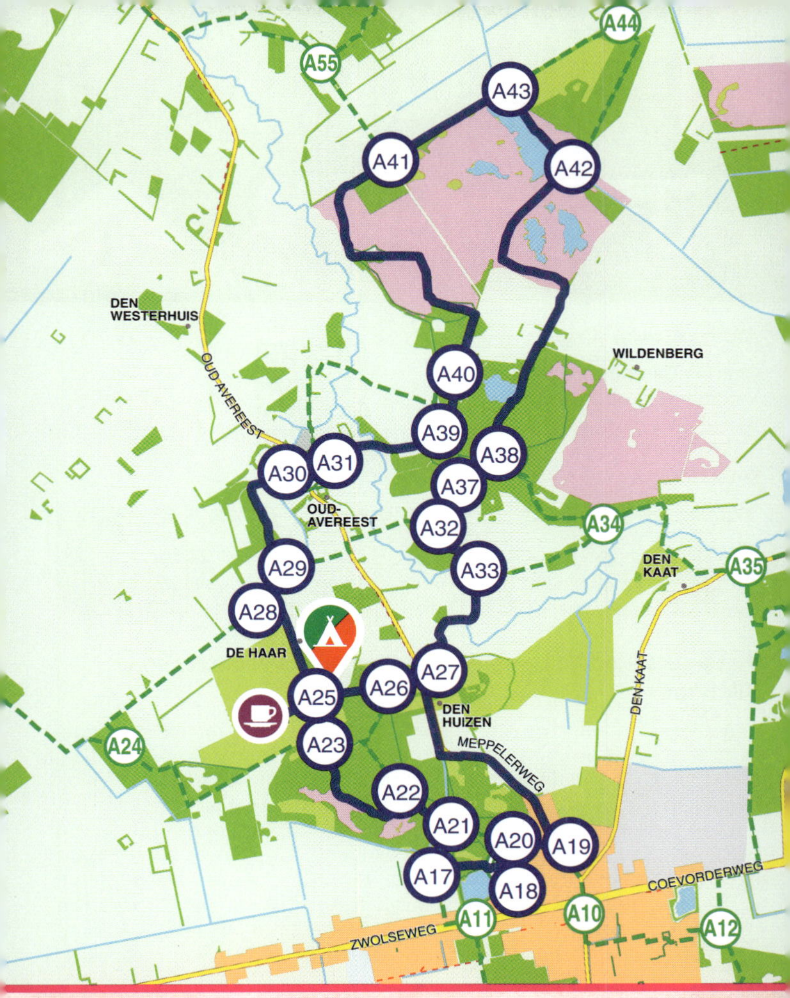
A55
A44
A43
A41
A42
DEN
WESTERHUIS
OUD-AVEREEST
A40
WILDENBERG
A39
A38
A30
A31
A37
OUD-
AVEREEST
A32
A34
A29
A33
DEN
KAAT
A35
A28
DE HAAR
A27
A26
A25
DEN
HUIZEN
DEN KAAT
A24
A23
MEPPELERWEG
A22
A21
A20
A19
A17
A18
COEVORDERWEG
A11
A10
A12
ZWOLSEWEG

Aangeboden door:

Charme Camping Heidepark
Verbindingsweg 2a
8151 PP Lemelerveld
+31 (0)572 37 15 25
www.campingheidepark.nl

Scan de QR-code en bekijk route **235301** direct op je telefoon.

44.68 km | ± 2:37 uur | 788 kcal | 341 m

Fietsroute 'Rondje Lemelerberg, Overijssels Vechtdal en Vilsteren'

Je route gaat van start na een overnachting bij Charme Camping Heidepark. In de verte zie je de Lemelerberg al opduiken, een stuwwal van zo'n zestig meter hoog. Op de Lemelerberg fiets je door geurige naaldbossen. Op de heide kun je even afstappen om te genieten van de vergezichten. Via het dal van de Beneden Regge rijd je naar de prachtig authentieke vallei van het Overijssels Vechtdal, die mooi meandert. Je rijdt door het vroegere esdorp Vilsteren, hier zie je veel fraaie huizen en boerderijen. Even verderop kom je door de bossen van Landgoed Vilsteren. Vlak voor het einde van de route fiets je nog door Lemelerveld, een dorp dat in 1854 werd gesticht door een fabrikant die er de Overijsselse Beetwortelsuiker Fabriek opzette.

Ga voor de routebeschrijving van route **235301** naar www.route.nl.

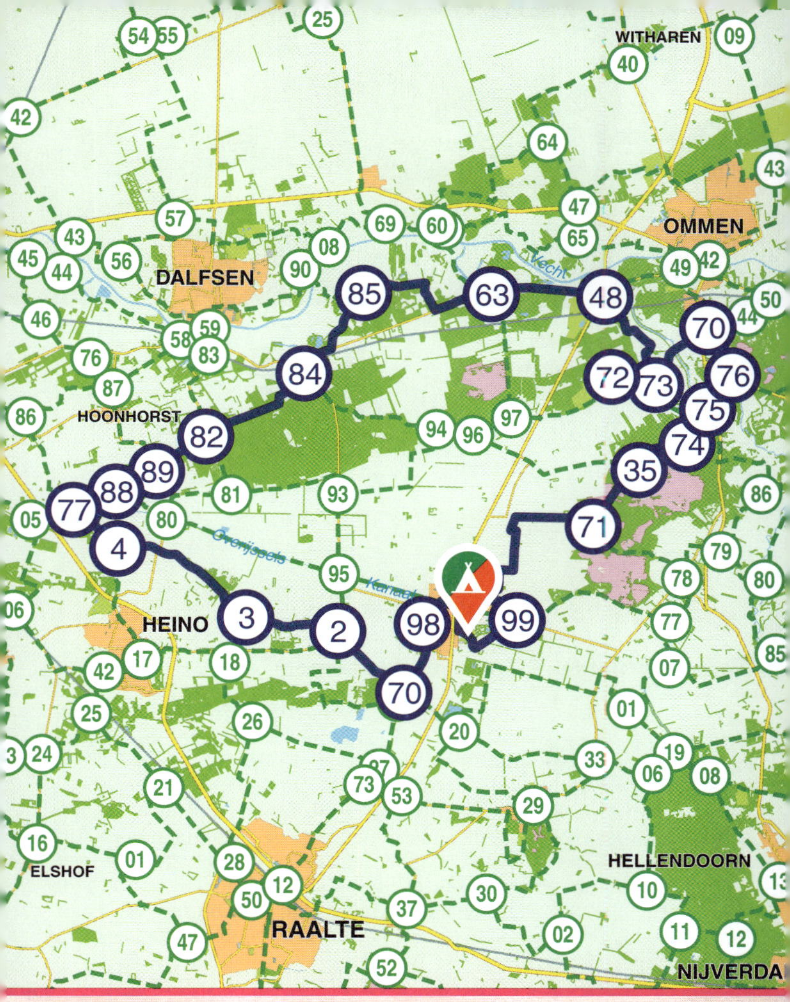
WITHAREN
OMMEN
DALFSEN
HOONHORST
HEINO
RAALTE
ELSHOF
HELLENDOORN
NIJVERDA
Vecht
Overijssels
Kanaal

Aangeboden door:

Europarcs Resort Reestervallei
Veldhuisweg 4
7955 PP IJhorst
+31 (0)88 070 80 90
www.europarcs.nl/vakantieparken/resort-reestervallei

Scan de QR-code en bekijk route **764089** direct op je telefoon.

23.10 km	± 1:21 uur	407 kcal	105 m

Fietsroute 'Ontdek Staphorst en de bossen'

Deze route neemt je mee door Staphorst en het natuurrijke buitengebied. Als eerste rij je door IJhorst. Fiets bij knooppunt 89 een stukje de Kerkweg in, je ziet er oude boerderijen, een mooi kerkje en een klokkenstoel. Ook in Staphorst lijk je terug de tijd in te fietsen: je ziet hier veel monumentale authentieke Staphorster boerderijen met groene luiken, blauwe kozijnen en een rieten dak. Wat een mooi dorp! Boswachterij Staphorst is relatief jong, het werd tussen 1930 en 1940 aangelegd als werkverschaffingsproject. De Vier Bergen is een heideveld dat een goed beeld geeft van hoe de omgeving er voor de aanleg van het bos bijlag. Wat een stilte ervaar je hier! De route eindigt bij Europarcs Resort Reestervallei, een gezellig en rustig logeeradres.

Ga voor de routebeschrijving van route **764089** naar www.route.nl.

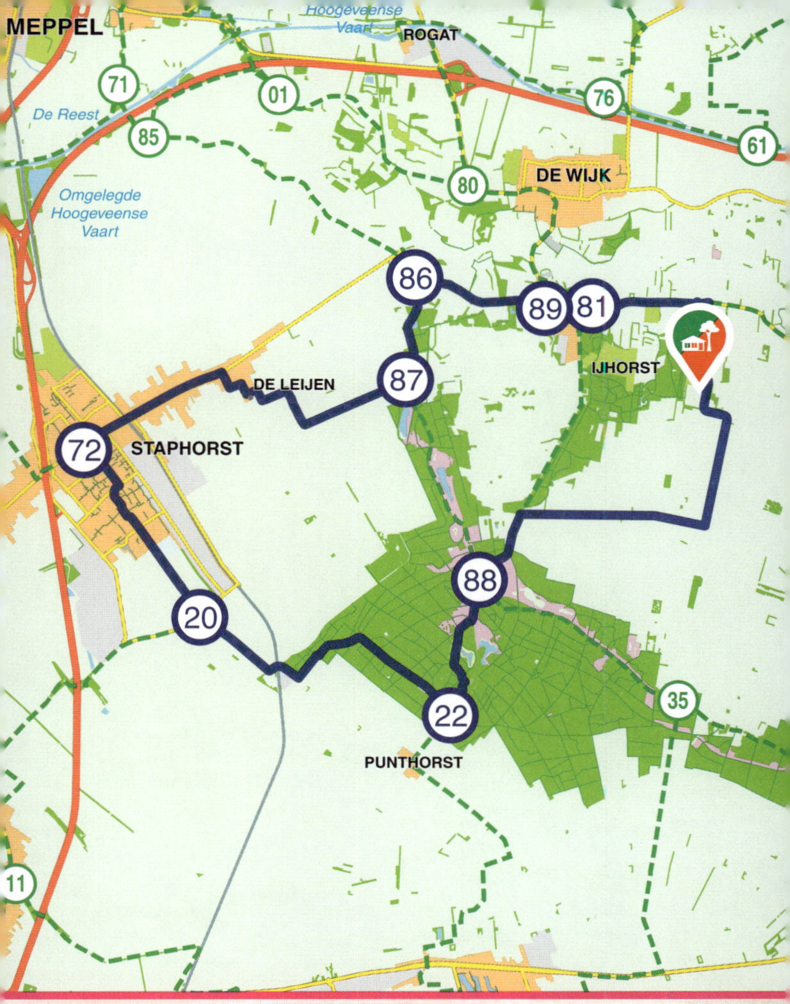

Overijssel | IJhorst | 23,10 km | print route 764089 op www.route.nl

WEERRIBBEN-WIEDEN

Maak een tochtje door het stille Nationaal Park Weerribben-Wieden of maak kennis met de vele pittoreske dorpjes in deze streek vol waterrijke landschappen die zo van een ansichtkaart lijken af te komen.

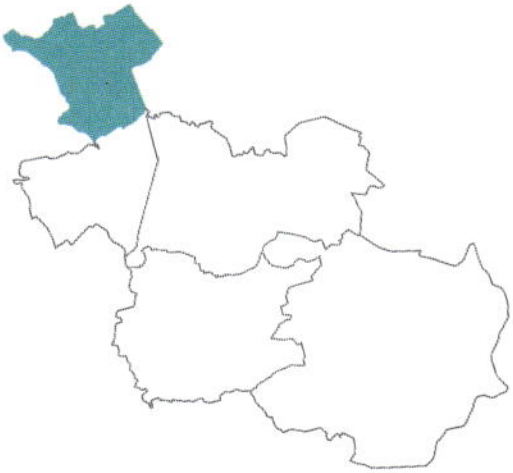

Aangeboden door:

Huis ten Wolde
Onderduikersweg 6A
8346 KP Steenwijk
+31 (0)521 53 54 00
www.huistenwolde.nl

Scan de QR-code en bekijk route **541759** direct op je telefoon.

20.52 km	± 5:07 uur	1166 kcal	149 m

Wandelroute 'Wandelen door de historie van Steenwijk'

Voordat je naar Steenwijk gaat, loop je eerst over de Woldberg. Op deze stuwwal tref je prachtige beukenbossen en kaarsrechte lanen aan. Enkele van de paden zijn verhard met het puin dat overbleef na het bombardement op Rotterdam tijdens de Tweede Wereldoorlog. Vervolgens loop je een stukje door natuurgebied Eeserveld, wat een stilte! Steenwijk is een voormalig vestingstadje. Het lag tijdens de Tachtigjarige Oorlog op een strategische plaats, waardoor er regelmatig om Steenwijk is gevochten. Laat je verrassen door de rijke historie: Steenwijk telt ruim 60 rijksmonumenten, waaronder De Markt en de stadsgrachten. De vijftiende-eeuwse kerktoren is het oudste nog bestaande bouwwerk in Steenwijk. Na afloop van je mooie tocht is het heerlijk bijkomen in Huis ten Wolde.

Ga voor de routebeschrijving van route **541759** naar www.route.nl.

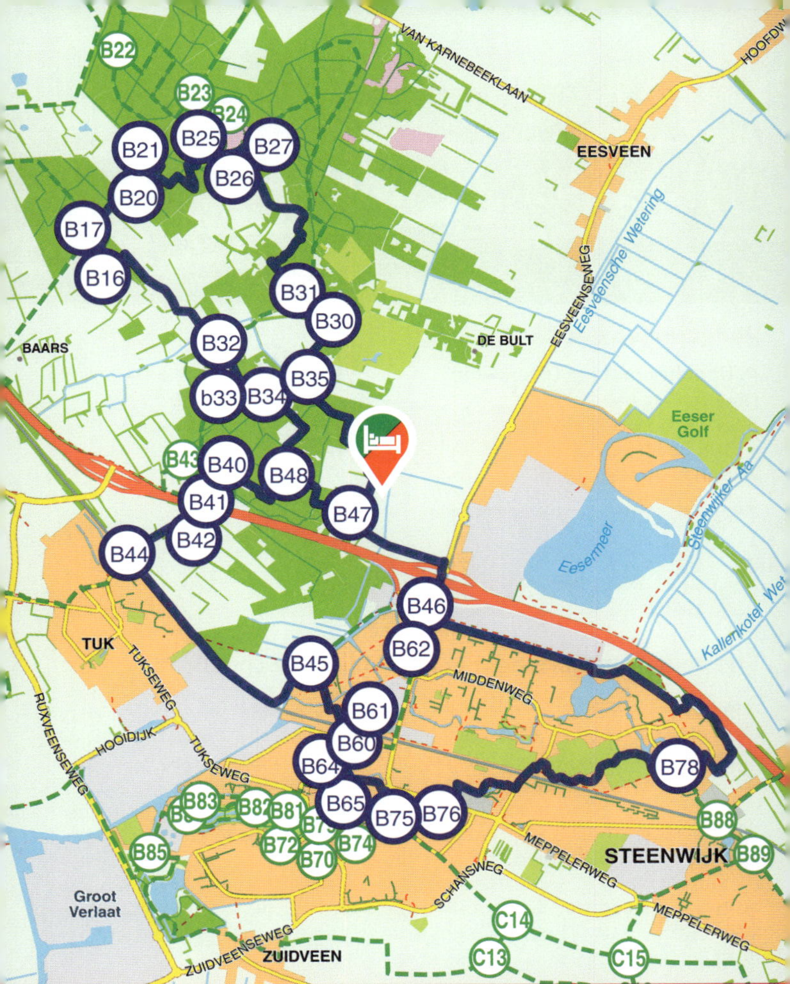

Overijssel | Steenwijk | 20,52 km | print route 541759 op www.route.nl

Aangeboden door:

Petit restaurant het Otterswold
Noorderweg 45
8066 PR Belt-Schutsloot
+31 (0)38 386 91 27
www.het-otterswold.nl

Scan de QR-code en bekijk route **147971** direct op je telefoon.

50.62 km	± 2:58 uur	892 kcal	200 m

Fietsroute 'Fietsen langs het water bij Belt-Schutsloot'

Aan het begin van deze route fiets je door het Voorsterbos. Verder kun je hier ook reeën spotten als je geluk hebt. Vanuit hier fiets je door Marknesse naar de vestingstad Vollenhoven. Hier vind je onder andere de Sint Niklaaskerk, de havezate Oldruitenborgh en kasteel Plattenburg. Even verderop in Sint-Jansklooster kun je binnenstappen bij het bezoekerscentrum van de Wieden. Hier kom je meer te weten over het omliggende natuurgebied. In Belt-Schutsloot kun je neerstrijken bij Petit restaurant het Otterswold. Hier kun je genieten van een welverdiend hapje en een drankje. Vanaf het terras heb je een prachtig uitzicht, dus neem hier zeker even plaats als het weer het toelaat. Vanuit hier fiets je verder naar Kragenburg.

Ga voor de routebeschrijving van route **147971** naar www.route.nl.

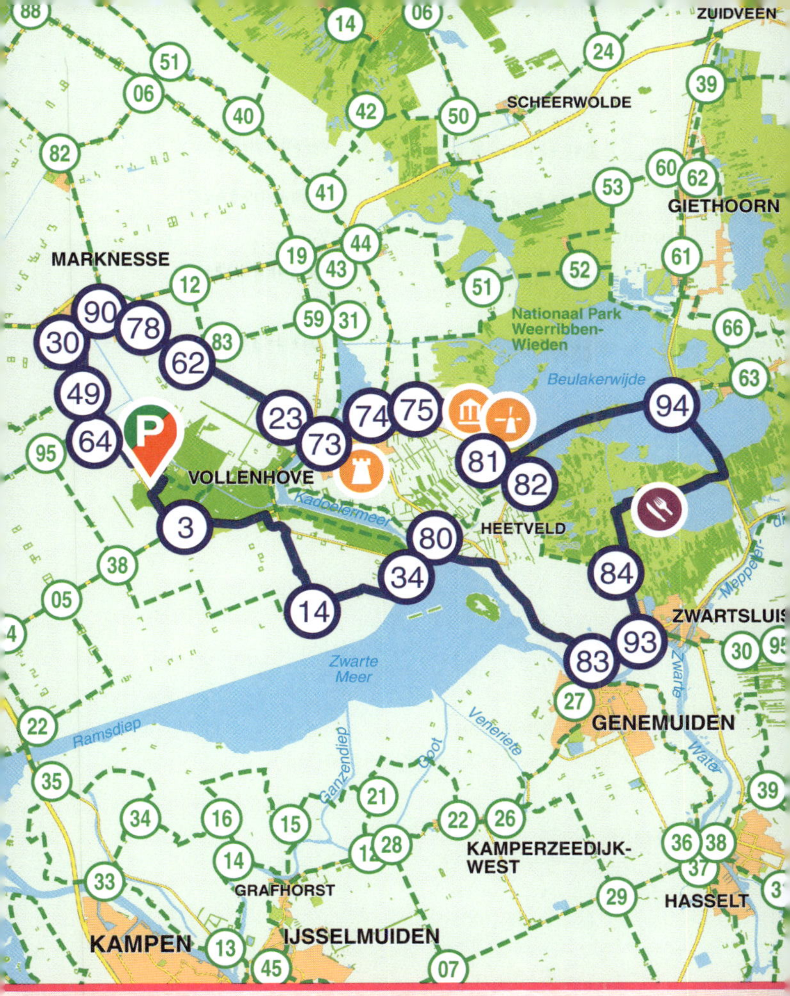

Flevoland | Noordoostpolder | 50,62 km | print route 147971 op www.route.nl

route index